かぼちゃの馬車の〝グレーム〟ブリュレ

ホーメスト倒産事件を電子スイーツに仕立てた人たち

この物語は、取材した内容を基に構成されたノンフィクションです。
プライバシー保護のため、登場する人物・団体・名称等を
一部架空のものに変更しております。

1.

今日の天気は晴れのち雨、お出かけの際には傘をお持ちください。
ビタミンCを摂るならレモンだ。
かぼちゃの馬車建築を請け負っていた株式会社ホーメストが
破産手続きを申請しました。
コーヒーにはカフェインが入っているから、夜は飲まない方が良い。
私たちは、情報を食べて生きている。

『かぼちゃの馬車事件』の発端となった不動産投資商品『かぼちゃの馬車』の販売が始まったのは、２０１４年5月のことだった。


夢を追いかけて地方から東京に移住する２０代女性の数は、毎年およそ１４万人。

しかしながら、すぐすぐ憧れの職業に就くことは難しく、まずは非正規雇用の仕事に就くという人が多いんです。

そんな女性たちは、住まいを借りるのもひと苦労。

やる気はあるのに、お金がない。

そんな彼女たちをサポートするのが、スマートデイズの「かぼちゃの馬車」！

女性専用シェアハウスとして運用し、入居者には「どのような職業に就きたいか」を入居時にヒアリング。希望に沿った職業を契約している人材派遣会社を通して斡旋し、就職したらかぼちゃの馬車を卒業。つまりは退去していただきます。

「退去されたら空室が増えて収益が上がらないんじゃないか」とご心配かと思います。

しかし、ここがかぼちゃの馬車のすごいところ。

かぼちゃの馬車の収益源は、このときに得られる職業斡旋の紹介料がメイン。だから、回転率を上げてたくさん斡旋すればするほど収益が上がるんです！

こうして得られる収益は入居者の家賃よりも高額になるスキームを組んでいるため、投資オーナーさまにはサブリース賃料１００％。

つまりは家賃収入の全額をお支払いいたします。

女性の社会進出をサポートし、安心かつ安定した新しい資産運用のカタチを実現！

社会貢献性の高いビジネスモデルだから提携したい企業が続々名乗りをあげています！

入居者にモニターしてもらってのオリジナル家電のネット通販ビジネスも計画中！

大いなる社会貢献性のために、そこを目指して邁進中です！

家賃収入に頼らないから、将来的には家賃０円も夢じゃない！

空室があっても儲かる、新しい不動産投資のカタチです！

そんな売り文句をあちこちに吹聴していた販売元である株式会社スマートライフは、不動産デベロッパーとして土地や建物を用意するだけでなく、入居者の募集や家賃滞納時の催促、住民トラブルの仲裁といった物件の運営・管理を担うサブリース業務も自社で行なっており、投資オーナーは購入するだけで継続的な現金収入を得られるという仕組みだった。

これまでの不動産投資商品では「空室があれば儲けが出ない」というリスクがあった。それを解消したうえに、社会貢献性まであるという。先行きが不透明な今の時代、将来のことを考えて投資を決意する投資オーナーは、少なくなかった。

スマートデイズの社長名義で、こうしたかぼちゃの馬車のビジネスモデルについて解説する書籍が出版されたのは２０１６年８月のこと。このときすでにおよそ５００棟の建築が完了して稼働しており、毎月５０棟のペースで増えていた。

販売前だった２０１３年７月期の売上が４億４５００万円。販売後の２０１７年３月期の売上が３１６億９６００万円。他の不動産投資とは一線を画すセンセーショナルなビジネスモデルは、センセーショナルな数字を叩き出していた。

２０１６年５月２９日、私は『底辺ネットトライター』と名乗り、匿名ブログシステムを利用して、インターネットメディアのライターとして記事を書くことの辛さを書き殴った。当時、パートタイマーとして地元の企業に勤めており、そこでライティング業務を担っていた。私のような人間が雑に書いた価値のない記事が検索エンジンに評価されて、あたかも正しい情報であるかのように上位表示されているという現状の暴露と、正直なことが書きたいという嘆きと、自らが最も愚かであり人として底辺である事実と、「だからインターネット情報なんて信じるな」という注意喚起と。

この注意喚起は、ユーザーのためではなかった。もし、ひとりでも多くの人がインターネットのそうした情報を信じなくなれば、そういう記事を書かなくて良くなるから。私は、自分が助かりたい一心だった。

「上位表示されるサイトの基準が、素直さや誠実さならいいのに」

心から願って、そう書き殴った。

この匿名ブログについたコメントがきっかけで私はブログを始め、そこを通じて仕事をもらう形でライターとして独立した。


２０１６年１０月、株式会社ホーメストの代表取締役役に八島睦氏が就任した。

就任前、八島氏はS建設で常務取締役兼東京支社長を勤めており、新生ホーメストはその事務所とスタッフをすべて引き継ぐ形でのスタートだった。

就任して間もなく、かぼちゃの馬車の建築をスマートライフから請け負うようになった。

年間100件の注文住宅建築を請け負えるキャパシティのあるホーメストは、どの登録建築会社より多く、かぼちゃの馬車を建築の依頼を引き受けていた。

ホーメストの存在は、かぼちゃの馬車以外でも話題になっていた。

週休3日の早期導入目標を掲げ、週一日五時ダッシュの日、パソコン20時シャットダウンシステムなど建築業界ではこれまであり得なかった職場環境を実現。その上で、未経験でも高い営業成績が出せる新人研修の仕組みを確立して売上を伸ばした。

そうした革命的な試み、名の知れた会社の代表取締役として44歳という若さでの就任。八島氏の存在は、雑誌やインターネットメディア、ラジオ番組などを通じて広まっていった。


2016年12月、DeNAのキュレーションメディアが問題となった。

DeNAは検索ボリュームが大きい「死にたい」というキーワードに着目した。それで検索されたときに上位表示されるようにSEO対策を施した結果、最上位表示を獲得。その記事の内容が、「死にたい」という悩みに対して「あなたが死にたいと思うのは、自己承認力が足りないから！」という回答し、「自己承認力を高めるためには」と転職サイトのキャリア診断テストを促すというものだった。

誰にも相談できず、苦しみの果てに「死にたい」と検索した人がこの記事を読んで、どう思っただろうか。「私が悪いから死にたいのか」と自分を責めたのではないだろうか。

コンテンツを消費者に提供することで利益を獲得する「コンテンツビジネス」は、現代社会に於いてなくてはならない存在だ。

すべてのコンテンツビジネスは、保有するコンテンツでメディアを公開して利益を獲得するホルダー、コンテンツを制作して報酬を受け取るプレイヤー、コンテンツを消費して楽しむユーザーの三者で成り立っている。

昨今、話題にも問題にもなることの多いインターネットメディアは、情報をコンテンツ化して無料配布しているコンテンツビジネスのメディアばかりだ。

もともと情報検索ツールでしかなかったインターネットがビジネスとして活用され始めたのは、アフィリエイトがきっかけだった。自身が保有するメディアに集客し、商品を宣伝することで利益を獲得するコンテンツビジネスが確立し、個人ホルダーが増えた。

インターネットに明るくないユーザーが信用する情報の基準は、「検索したときに何番目に表示されている情報か」というものがポピュラーだ。つまり、上位表示されるだけでユーザーからの信用と、アクセス数を稼ぐことができる。アクセス数を稼げば、スポンサーに広告媒体としての価値を評価してもらえる。つまり、上位表示されたら寝ていても収入が得られる。そんな夢のような話に食いついて個人がホルダーとなり、大金を稼ぎ、それを知った企業がホルダーとして参入するようになった。

上位表示されるためにあれやこれやと策を講じ、「どうすれば上位表示されるのか」という条件を攻略していった。その手法はＳＥＯ（Search Engine Optimization：検索エンジン最適化）と名付けられ、情報として共有されるようになった。

ＳＥＯの仕組みをものすごく端的にかいつまんでいえば、上位表示されたいキーワードに関連するテキストを掲載し、検索エンジンというシステムが読み取りやすい構造でページを構築し、アクセス数を集める。

１つのキーワードで上位表示されるサイトの数はとても少ない。問題になる前からその少ない枠を奪い合う個人ホルダーたちのイス取りゲームは熾烈を極めていたが、２０１５年頃から大手企業がそれに参入するようになった。その資金力を使って、やすやすと検索エンジン上位表示を根こそぎかっさらっていった。

そうして、この問題が発生した。

私たちは、誰かが食べやすいように仕立てた情報を食べて生きている。電子の世界を通じて配られたそれを受け取って食べている。

今日の天気は晴れのち雨、お出かけの際には傘をお持ちください。
ビタミンCを摂るならレモンだ。
コーヒーにはカフェインが入っているから、夜は飲まない方が良い。

そういう、健やかな生活のために毎日食べる『電子ミール』。

あなたが死にたいのは、自己承認力が足りないから。
抗がん剤は毒、この酵素ドリンクの方が効果的です。
あの大人気俳優の不倫が発覚しました。

そういう、日々の生活を彩るために食べる『電子スイーツ』。

電子ミールも電子スイーツも、体に悪くないものを選んで適度に食べれば、生活が豊かになる。けれど、選ばずに食べてしまう人や、食べ過ぎてしまう人がいる。不安、不満、怒り、妬み、悲しみ。そうしたおどろおどろしいものに支配され、逃れたい一心で。逃げて食べて食べ続けて、動けなくなってしまう人もいる。

こうした人の存在は、一部のホルダーにとって良い顧客だ。何の変哲もない情報を原材料にその人たちが好みそうな電子スイーツを仕立て上げて、目の前にちらつかせる。食べれば逃れられるかもしれないと信じた人がそれに食らいつく。

社会には、何かから逃げ出したいと願っている人が常に存在している。だからそうした心の隙に付け入るための情報を原材料にすれば、大した労力なくコストもかけず「絶対に数値が集められるコンテンツ」ができあがる。

それを食べた人は、一瞬だけそうした恐ろしいものを忘れる。けれど何も解決していないから、それはすぐに戻ってくる。もう一度逃げ出したくて、もう一度電子スイーツを食べる。

人の不幸を利用して人を不幸に陥れ、その輪を拡大していくこうしたコンテンツビジネスを、私はひっそり、『不幸シロップビジネス』と名付けた。

他人の不幸は蜜そのもの。搾り取ったり配ったりすれば利益になるビジネスがある。目下、利益さえ得られたら、他人が不幸になろうとどうでもいい。信じる奴が馬鹿だ。ホルダーにとっての神様はユーザーではなく、広告主と検索エンジンだ。彼らの機嫌ひとつで収益が左右される。だから人の血を搾り取って売ってでも捧げものをしなければならない。

面白いとか面白くないとかモラルとかどうでもいい。衆人の目を惹きつけられたら。お金が稼げたら。訴えられなければ。逮捕されなければ。

検索エンジンは「検索ユーザーたちが好む物を上位表示させる」という目的のもとＧｏｏｇｌｅが開発した。上位表示の基準は信ぴょう性ではなく、そのメディアが保有している『数値』だ。

アクセス数、読了率、サイト滞在時間など、「サイトにたどり着いたユーザーの情報」を徹底して数値化し、順位をつけて表示する。それが検索エンジンの基本的な仕組みだ。

数値しか見ないから、誰の意も介さない。権力に屈さず平等に情報の価値を評価する、とても公平なシステムだ。

数値しか見ないから、人の心を介さない。どんな方法であれ数値を得た情報が優秀だと順位付けされる、とても不公平なシステムだ。

その情報が事実かどうかということは、判断基準に含まれない。結果、数値という権力を獲得した情報が優先して表示される。

だからホルダーは数値を得るためにたくさんの華を散らして不幸シロップを搾り取って配る。そうして作られた検索結果を、信用できる情報の順位だと多くの人は信じている。

インターネットの世界では、そんな不幸シロップビジネスが確立していた。

２０１７年8月、株式会社オーシャナイズとの資本業務提携がきっかけに、スマートライフはスマートデイズに社名を変更した。

この際、スマートデイズの役員の入れ替えも行われた。

同年１０月、スルガ銀行はスマートデイズが販売するシェアハウスの不動産投資商品に対しての融資を今後一切受け付けないと発表した。理由は「融資方針に変更あった」というものだった。

同月２７日頃、スマートデイズはサブリース賃料の減額を投資オーナーに通知した。

投資オーナーがそうした情報をＳＮＳなどにアップしたことで、不動産や投資に関わる人らの間で話題になった。

２０１８年1月１２日、スマートデイズの社長が退任し、オーシャナイズの代表が社長を兼任することとなった。

その直後の１７日、スマートデイズは、「2月からサブリース賃料の支払いを完全停止する」と、投資オーナーを集めた説明会で通知した。

スルガ銀行にて融資が受け付けられなくなったことで販売件数が大きく落ち込み、経営が悪化。深刻な資金不足に陥り、支払いができない状態になったと話した。

投資オーナーはサブリース賃料で借入を返済していた。そのため、支払われなくなるということは、返済ができなくなることを意味していた。窮した投資オーナーがスルガ銀行に返済猶予を求めていく中で、「不正融資」や「建築会社に支払われていたキックバックが相場以上だった」という事実が明るみになった。

ホーメストは、スマートデイズの社名変更となった際に、「２０１８年1月から3月に竣工を迎える２０件を最後に、新規かぼちゃの馬車建築を受け入れない」と通告し、契約を終了していた。

投資オーナーからホーメストへの入金は、工期に応じて3分割で行われるスケジュールで、竣工の際に最後の返済がなされるはずだった。

しかし、その残りの20件の竣工を迎える前にこのような事態が発生したせいで、「商品代金の内訳を話してくれたら買わなかった。だから詐欺だ」と主張して、返済を滞納する投資オーナーが現れた。20件の未入金額は、合計3億円にのぼった。

同年3月、ホーメストは、工事の下請け業者に向けての報告会を実施した。未回収の代金を7月までには回収できるように動いていること、必ず支払うことを伝えるための会だった。

しかし、この説明会は「債権者説明会」として業者の間で伝聞された。債権者説明会とは、破産手続きを開始した企業が債権者に対して行う説明会であり、この会が実施されることは倒産を意味する。「ホーメストが倒産する」と誤った情報が流れた。

業者に混ざって帝国データバンクの関係者が入り込み、報告会の様子を一言一句事細かに帝国データバンク情報にアップした。

そのうえ、売上約9億円、未収入金が3億円ある状態で3月期の決算を迎え、1億8000万円の赤字を計上した。倒産が現実味を増し、一部で混乱が起こった。

一刻も早く未払い金の回収に動かなければならないと考えた八島氏は、未払いのある投資オーナーに対して支払いを求める訴訟を起こした。

「賄賂を渡して仕事をもらっていた悪徳建築会社の分際で」と、投資オーナーは激怒した。

この問題を解決するべく被害弁護団が結成され、ホーメストから提訴された投資オーナーたちはここに加盟した。

同年4月18日、スマートデイズが9日に申請した民事再生が棄却された。三度開かれた債権者説明会では怒号が飛び交っており、開始決定は下りないだろうと予測されており、それが現実となった。5月15日、破産手続きに対する開始決定が下された。

同日、スルガ銀行の内部調査結果が発表され、スルガ銀行が不正を認識して融資していたことが明るみになった。

物件価格を改ざんしての二重契約による過剰な額の融資、顧客の資産状況資料の捏造を知りながら原本を確認せずの融資承認。

「かぼちゃの馬車がスマートデイズとスルガ銀行の癒着の上で常態化していた不正融資によって販売されていた」

この事実が明るみになったのは、このときだった。

シェアハウス案件で融資を受けた顧客の数は1258名、融資総額は2035億8700万円。ひとり当たり1億6000円の融資を受けている計算となる。

金融庁の長官が公共の場で何度も褒め称えていたスルガ銀行の、想像をはるかに超えた不正の数値は、世の人々を震撼させた。

同年7月、投資オーナーがスルガ銀行を提訴した。

要約すると「改ざんした資料で融資が通ってしまったがために、返済できない借金を背負ってしまった」ことに対して、損害賠償を請求するための訴訟だ。

スルガ銀行は改ざんされた資料の原本を確認せずに融資を通した落ち度は認めたが、資料の改ざんには関与しておらず、「虚偽事実を告げて本来なら承認されないような融資を申し込んだのは投資オーナー本人だ」として争う姿勢だった。

同年8月22日付の日本経済新聞において、第三者委員会が実施した調査した結果、不正融資の総額が1兆円規模にのぼる等の報道がなされた。

スルガ銀行はこれに対して公式にこのようにコメントしている。

「第三者委員会から調査報告書をもらうのは8月末予定で、そのような内容は把握していない」

「すでに必要な引当金を計上しており、調査報告書の内容を踏まえて貸倒引当金の積み増しを行う可能性がある」

その直後の27日、創業家出身で30年にわたりトップを務めてきたスルガ銀行の岡野光喜会長が辞任すると報道された。不正融資の蔓延を防げなかった監督責任としてということだった。

同年9月7日、第三者委員会が5月15日から9月6日まで調査した結果が発表された。問題となった改ざん資料を通しての不正融資だけでなく、ファミリー企業への資金の横流し、繰り上げ返済の妨害、不動産情報の横流し、取引停止業者との連絡の継続、一部の不動産販売業者と行員が癒着。

業者は融資の審査条件を暴露するなどの優遇を受ける代わり、一部行員が「キックバック」と称して、不正に金銭を受領していた。

不正融資が横行した背景として、前年利益だけで決められた需要に基づかない過剰な営業ノルマ、それに加えて過剰な独自目標という追加ノルマの強要、ノルマが達成できない営業部行員と審査を通さない審査部行員を恫喝。こうした「パワーハラスメント」が常態化していたことが発表された。

「案件が取れるまで帰ってくるな」

「数字ができないならビルから飛び降りろ」

「できないくせに偉そう」

「お前の家族を皆殺しにしてやる」

こうした暴言だけでなく、応接室に呼び出して1時間も2時間も怒鳴りつける、顔を壁に押し当てて、その真横の壁を殴るなど、「外傷が残らない暴力」が日常的に振るわれていた。

ただの不正ではなく、暴力が横行していた。不動産投資や融資の問題なんて他人事だと思っていた人らが、この問題に注目するようになった。

２０１８年１０月５日、金融庁がスルガ銀行に対し、一部業務停止命令を下した。不正融資だけでなく、反社会的勢力に口座解説を続けていたこと、金融庁に虚偽の申告をしていたことなどがその理由として挙げられ、会社の体制や内情についても厳しく指摘された。

同年１１月１２日、スルガ銀行は岡野光喜元会長をはじめとする旧経営陣９人を提訴した。

不正融資による多額の損失への損害賠償として３５億円の支払いを求めること、融資の与信管理を怠り、不正融資が常態化させた当時の経営陣に対しての責任を問うことで、企業統治改革を目指す姿勢を示すことが目的だった。問題の全容が解明できないため、会社法上の特別背任罪など刑事責任の追及は見送られた。

同年１１月２７日、ホーメストが破産手続きを申請した。

ラジオ、テレビ、新聞、インターネット。あらゆる媒体を通じてこの情報は広められた。

「かぼちゃの馬車の建築を請け負っていた」という補足情報と、ニュースを紹介している人やコメンテーターの個人的な見解を含んで。

私はこのニュースを、28日の早朝にネットラジオで耳にした。「OK，Google、おはよう」とスピーカーに話し掛けるだけでネットラジオが流れてくれるおかげで、かなり寝ぼけた頭で聞いていた。

ホーメストとは、小さいころに聞いたあのCMソングのあの会社だろうか、「かぼちゃの馬車」とは何なのだろうか、彼らはこれからシンデレラ城にでも連れて行かれるのだろうか。夢うつつの脳裏にいろいろなイメージが浮かんでしまって、大して興味があるわけではないのに、他人事なのに、印象に残った。

個人としての修羅場は多くあったものの、大きな事件や社会問題に巻き込まれることなく2017年と2018年を過ごした私は、ライターとして記事を書き、作家になるために小説を書いて、底辺ネットライターとしてブログに雑文を書き散らかすという文章に囲まれた生活を送っていた。

ライターとして独立して間もなく能力が評価されて仕事に困ることはなくなり、何人かのライターを雇ってライターチームとして事業を展開するようになり、クライアントともチームメンバーとも信頼関係を築いて、「誠実に書ける」仕事だけを引き受けて生活できるようになっていた。

ネット社会は私が望んでいる方向に変わり始めている。だから、あとは作家になるだけだ。そうすれば、いよいよ。そんな風に自分の課題に取り組むことに精一杯で、かぼちゃの馬車という新しいコンテンツビジネスの存在なんて、何も知らなかった。

2019年3月7日、「かぼちゃの馬車事件に巻き込まれた株式会社ホーメスト社長の、八島睦の本を書かないか」という打診が私にあった。『敬聴力』の著者であり一般社団法人日本知的資産プランナー協会の代表を務める西元氏と、IAP出版代表の関谷氏からだった。

かぼちゃの馬車事件とは、かぼちゃの馬車というシェアハウスの不動産投資商品に絡んで不正が行われたがために事業が破綻し、物件を購入した投資オーナーが購入代金の返済ができずに詐欺事件として立件しようとしている、という問題だった。

不正を働いたのは販売元であるスマートデイズと購入の際に購入代金の融資を引き受けていたスルガ銀行の二社。であるにもかかわらず、業務としてシェアハウス建築を請け負っていただけの株式会社ホーメストが「詐欺に加担した」とインターネットで書かれており、元社長である八島氏は、今でも生活の安全を脅かされているのだということだった。

物々しいキーワードが並べられたその話を、私は二つ返事で引き受けた。

ちょうどこの日、作家になれることが決まった。元より、作家になるときは本名名義で出版して逃げも隠れもせずに言いたいことを言っていくつもりでいた私にとって、「インターネットで書かれたことで生活の安全を脅かされている」という当事者の話を聞いて本が書けるということは、願ってもないことだったから。

「加害者側の人やから、どんな感じになるかわからんよ」

あまりにも気軽に引き受けた私のことを心配してくれた関谷氏に、「大丈夫です」と返した。大義名分が常に被害者側にあるとは限らないし、もしとんでもない悪人だったらインタビューが終わったあとでもフィジカルに走って逃げればいい。命まで取られることはないだろう。そして何年後かに何かの話のネタにはなるだろう、と。

私は、私の知り得ることをすべて知り尽くして、書き尽くしたいと願っていた。

インタビューの日程は3月20日と21日に決まった。

その日まで少し時間がある。私はかぼちゃの馬車事件について、インターネットで調査を始めた。

『かぼちゃの馬車』『かぼちゃの馬車事件』『かぼちゃの馬車事件　時系列』

そうした検察キーワードで情報を漁ると、大量の情報が出てきた。

スルガ銀行の不正融資問題、スマートデイズのサブリース賃料の支払い停止、家賃外収入と銘打ったかぼちゃの馬車のビジネスモデルとその利益率の高さ。かぼちゃの馬車事件と呼ばれている問題の概要はすぐに把握できた。

首を傾げたのは、ホーメストという名前がほとんど出てこなかったことだった。

ホーメストは数ある建築会社のうちの1つで、唯一、支払いを滞納した投資オーナーに支払い請求の提訴を行なった会社、ということはわかった。しかし、かぼちゃの馬車事件を解説する中で、その名前は出てこない。一部の報道記事では、「建築会社の共犯関係はあいまい」とも記されており、生活の安全を脅かされる理由が全くわからなかった。

『ホーメスト　倒産』と検索して、その理由がわかった。

この検索キーワードで最上位表示された記事のタイトルは「ホーメスト破産から学ぶ、一社専属下請の危険性とは？」というものだった。

こういうあからさまなタイトルの記事はゴシップテイストのものが多いので、あまり読みたくなかった。しかし、ホーメストに関する情報があまりにも少ない。仕方なく読むことにして、リンクをクリックし、パソコンに記事を表示させた。

「失敗を活かす」というカテゴリーに分類されたこの記事の内容は、「ホーメストが倒産したのはスマートデイズの一社専属下請けになったというリスクヘッジをしない経営によるものである。この失敗を反面教師にしよう！」というようなもので、当事者である投資オーナー、企業情報のデータベースを構築して保有している企業に勤めている有識者、この二人の話を交えて、建設専門紙の記者などを経てフリーとなったライターが書いたものだった。

ＤｅＮＡのキュレーションメディア問題をきっかけに、インターネットメディアに掲載されている情報の信ぴょう性が疑われるようになった。そのため、記事に情報の出典や有識者の名前とコメントなどの「その情報が適当に書かれたものではない証拠」の補足が推奨されるようになった。この記事では、二人の発言と、ライターの経歴がそうした証拠として掲載されていた。

「スマートデイズから仕事をもらうために高額なキックバックを設定することを承諾し、

癒着関係の上にある収益にあぐらをかいて他の仕事を作る努力をせず、問題が発生して一切の仕事を失って破産手続きを申請した会社がホーメスト」

こうした解説を読んで、なるほど、そうなら悪いかもしれないな、と思いつつ読み進めて、この一文を読んで、私はこの記事の情報をすべて疑った。

「シェアハウスオーナーは、かぼちゃの馬車の販売価格は適正価格を逸脱した工事請負契約であり、『詐欺取消』と主張、スマートデイズの『詐欺的スキーム』にホーメストも加担したとして、同社への損害賠償も辞さない構えだった」

詐欺ではない。だから、詐欺と書けない。けれど、ホーメストを悪人扱いしたいから、「詐欺的」と言い逃れをしながらも、読者にそう印象付けている。

しかもこの情報は、「シェアハウス会社が推奨する外国人入居の促進」という見出しの直下に書かれている。見出しの内容は、段落の最後に少し添えられているだけだった。

見出しと関連性のない本文を書かれる経緯はライターが相当疲れているのか、SEOのための文字数稼ぎかのどちらかだ。改めて記事を読み返して、タイトルと見出しをチェックして、この記事がSEO目的のものだと確信した。

SEOライティングの基本テクニックとして、記事タイトルや見出しに『上位表示を狙いたいキーワード』を入れるというものがある。この記事には8つ見出しがあり、そのうち5つが「一社専属下請けの危険性」とは関係のない見出しになっていた。

「かぼちゃの馬車の建築を請け負った建築会社ホーメストが破産」

「CMソングで有名、2度の破綻でも残ったホーメストブランド」

「スマートデイズ社長とホーメスト社長、2人の関係性は」

「スマートデイズはシェアハウス建築業者にホーメストを指名していた」

「かぼちゃの馬車のビジネスモデルについて」

「シェアハウス会社が推奨する外国人入居の促進」

ここから読み取れるのは、シェアハウス、かぼちゃの馬車、ホーメスト、スマートデイズ。こうした検索キーワードに対応した記事なのだろうということ。

そして記事タイトル。

「ホーメスト破産から学ぶ、一社専属下請の危険性とは？」

文頭に置かれている「ホーメスト破産」。これがこのタイトルが上位表示を狙っている検索キーワードだ。検索エンジンはテキストを文頭から順番に読むため、意識しているキーワードは文頭に置いた方が良い、とされている。このとき、ホーメストは破産手続きを開始していただけで、まだ倒産していない。このメディアは個人のものではなくどこかの企業が有するもののようで、嘘を書くと問題になる。だから、「倒産」とは書けない。だから『ホーメスト　破産』というキーワードでのＳＥＯを掛けたのだろう。

しかし、最近の検索エンジンは優秀で、キーワードの『揺らぎ』を理解する。『ホーメスト　破産』と『ホーメスト　倒産』はほぼ同義であり、前者で検索した場合でも、後者の検索結果の中に優秀な数値を持つ記事があればそれを優先して表示する……らしい。

断言できないのは、ＳＥＯは所詮『検索エンジン攻略』だから。検索エンジン開発元であるＧｏｏｇｌｅが公式に公開しているルールではなく、過去の結果から見出された情報をビジネスマン同士で共有しているだけに過ぎない。なので「らしい」としか、言えない。

Ｇｏｏｇｌｅより公式に提供されているのは、トレンドの検索キーワードは何か、こちらから指定した検索キーワードの検索ボリュームや関連キーワードがどのようなものか、自身が保有するメディアがどのような検索キーワードでヒットしているか、アクセス数はどれぐらいか、といったように、「こちらが指定したキーワードやメディアに対する情報」だけだ。「こうだからこうなった」の「こうなった」だけが提供されている。それ以外は、大型アップデートが行われた際にその旨が連絡されるぐらいだ。

ビジネスマンたちはこうした情報から「こうだから」を予想してルール化している。

文字数が多ければ多いほど評価されやすい、というのも、SEOライティングテクニックの1つとされているが、最近はそうでもないらしい。DeNAキュレーションメディア問題以降、Googleは、問題のあるメディアを評価しないシステム構築にさらに力を入れている。2019年になった今でも頻繁に定義が更新され、再々検索順位が入れ替わっている。まだ納得のいくものが完成していないようだ。

「ホーメストが倒産した」。正式には破産手続きを開始した、だけど、多くの人はこれを「倒産」と捉えるだろう。「耳に残る有名なCMソングで有名な建築会社が倒産した理由は何だろう」と思い至った人が『ホーメスト　倒産』でインターネット検索して、それなりに検索ボリュームのあるキーワードになったはずだ。上位表示される記事を作る価値があるぐらいには。

インターネットに明るくないユーザーが信用する情報の基準は、「検索したときに何番目に表示されている情報か」というものがポピュラーだ。だから、世間一般では、「ホーメスト破産から学ぶ、一社専属下請の危険性とは?」に書かれている情報が最も信用できる情報として取得されている。

つまり世間では「詐欺的スキームに加担した上に、リスクヘッジもせず一社専属下請けになって破産した下っ端の悪徳建築会社」が、ホーメストの正体として扱われている。

『ホーメスト　倒産』で上位表示されて何の得があるのかと思われるだろう。そうした読者に対して売るものもなく、建築業界の広告にアクセスもしない読者を集客したところで、何のメリットもないように見える。

しかし、SEO対策という観点からすると、この記事は大きく意味を成すものだ。検索エンジンは、1つの記事が獲得した数値をメディア全体の価値だと定義する。そして、メディア内の他のテキストを読み取り、「多く記載されているキーワード」での検索順位を上げる。このメディアの場合、『不動産』『建築会社』などのキーワード検索の際も上位表示されやすくなる、というような具合で。有用な情報も、悪質な情報も、検索エンジンは等しく評価してメディアの価値を測っていく。

私は、検索した際の上位表示がこうしたルールに則って作られたランキングであること、コンテンツビジネスの存在、言葉のロジック、それらを知っている。

だからホーメストは、話題性のために作られた『詐欺的スキーム』という奇妙な言葉で悪役に仕立て上げられただけの、ただの建築会社だと判断した。

ただ、「絶対に無実」とは言い切れなかった。キックバックというキーワードについて、確信できる情報がなかった。

手数料、賄賂、売上割戻。キックバックという言葉はいくつかの意味を持っている。

もし、純然たる手数料であったとしたら、悪事ではない。

もし、よろしくない契約関係を維持するための賄賂だったのだとしたら、悪事だ。

もし、賄賂であったとして、同じ案件を請け負っていた他の建築会社はどうなのか。

もし、ホーメストがスマートデイズとよろしくない契約を締結して私腹を肥やしていたとするならば、なぜスマートデイズはホーメスト以外の建築会社にも発注していたのか。

一般的な不動産物件が1坪60万円ほどのところ1坪100万円ほどで販売していたそうで、つまりは1坪あたり40万円ほどのキックバックを得ていたということだけれど、果たしてこれは不適切なものなのだろうか。「建築会社と顧客」という単純な売買契約の中で販売される一般的な不動産物件と同額の販売で、「建築会社と投資物件販売会社と顧客」であり、かつ、特殊なビジネスモデルのこの商品の利益は確保できるのだろうか。投資物件販売会社が中間業者だとすれば、中間業者に支払うマージン分を上乗せするなんて、ビジネスの世界では当たり前に昔から行われている。利益率50％以上の商品なんて市場に溢れ返っているし、もし建築業界の通例より高い値が設定されていたとして、先進的なビジネスモデルとして有名タレントを使ってコマーシャルまで流していたのだから、それもブランド代として適正なのかもしれない。けれど、ここまで書かれているのであれば、もしかしたら賄賂なのかもしれない。1坪60万円という価格が投資物件の相場なのかもしれない。けれど、もしそうだったとして、過失による加担かもしれない。昨今は、ありとあらゆる事故や事件において、故意と過失の線引きが雑だ。悪意を含んだ意図的な故意と、悪意を含まない過失。これらは似て非なるものなのに、同じ結果を持つため、主観が飛び交うネット社会ではどちらも同じものとして扱われがちだ。悪意を持たずに事件に加担してしまって、悪意を持った極悪人だとネットリンチされているのかもしれない。どちらも法で裁かれるのは当然として、過失を故意として扱われて極悪人扱いされているなら、精神を病んでしまうだろう。

そうして検索しているうちに、『スルガ銀行スマートデイズ被害弁護団』のサイトを見つけた。

ここに書かれているのは、投資オーナーの主張と、それをサポートする弁護士の意見でしかない。世間で悪人だと定義されているホームストが良く書かれているはずがない。あまり読むべきではないだろうと、すぐにページを閉じた。

私はこのときから、インターネット情報を疑っていた。それは、不幸シロップビジネスの存在を知っているというだけでなく、「私のような一介のライターにこのような話が回ってきた」ということからだ。

肩書を持っている専門ライターに書かせた方が、書いてあることの信ぴょう性が高くなる。そもそも、自分を擁護するためだけなら、出版なんてまどろっこしいことをする必要もない。マスメディアを通して「俺は悪くない」と叫べばいいだけだ。ここまで話題になっているのだから、それぐらいの枠は簡単にもらえるだろうし、その方がセンセーショナルで情報も早く大衆に伝わる。なのに、一介のライターの手を借りるという手段を選んだ。

このとき、私は関係者の誰にも自分の正体を明かしてはおらず、コンテンツビジネス界隈の問題について詳しいことすら誰も知らなかった。私を指名してくれた関谷氏ですら、「やたら元気で長文が書けるライター」程度の情報しかなかったと思う。「SEOやネット界隈に詳しいライター」という性質を目的とした指名ではなかった。

ネットリンチに遭っていて、大手メディアには依頼できないということは、恐らく既出情報に何か問題がある。だとすれば、現時点で事件の真相を追い求めても無駄だ。

ホーメスト、スマートデイズ、スルガ銀行、投資オーナーの関係性。キックバック、ビジネススキームなどの問題視されていることの内容。そうしたかぼちゃの馬車事件の概要はつかめた。それ以上のことや、情報が本当か嘘かということは、本人に聞くしかない。そう判断して、調査を終了した。

調べていた期間はおよそ一週間。思い立って検索するだけで何でも調べられるインターネットはすごいものだと、改めて感動した。

もし話を聞いてとんでもない悪人だったら走って逃げたらいいだけ。それで命を取られそうになったら、それはそれで面白い。何がどうであったとしても百年後には死んでいるんだし、この話を受けようが断ろうが「絶望の果てに後悔に苛まれて死ぬ」可能性は生きている限り決してゼロにはならないし、いつ誰に殺されるかなんてわからないし。それなら、虎子を得るべく虎穴に入ってみたかった。

私は、私が賢いと思っていた。情報の性質を他の人よりも知っていて、ノイズに惑わされることなく、冷静に情報が取得できるのだという、自信があった。

3月20日、堺筋本町の貸し会議室。早朝に目が覚めて早く家を出て、近くの喫茶店に入って財布を忘れたことに気付いて、自分が相当興奮していることを知った。

誰よりも早く会議室に着いた。１０時前に引き合わせのために同席する西元氏が先に訪れて、その後、朝１０時を少し過ぎたころに八島氏が訪れた。

「お待たせしてすみません」

そう言って頭を下げた彼に対する第一印象は、「やっぱりわからない」だった。

上質なスーツを着ているけれど、きらびやかな装飾品は一切ない。とても姿勢が良く、どことなく経営者の風格があった。整った顔立ちだけど、本人はあまり意識していないのだろう。表情、しぐさ、雰囲気にいたるまですべてが自然で、気取らない人、という印象だった。

ただ、笑わなかった。笑わない、というよりも、笑おうとして笑えていない、という表現の方が近いような。それが私への不信感からなのか、ネットリンチを受けていることへの憤りからなのか、単純に長距離移動の疲れからなのか。理由はわからなかった。

けれど、それを目の当たりにして「今すぐ走って逃げる」という線はなくなった。もし、怒りに任せて出会い頭に捲し立ててくるような人であれば、そのまま走って逃げようと思っていた。

原稿を書くために八島氏から話を聞く。そのための最初の仕事は、「私に対する不信感をできる限り拭う」ということだ。

いくら信頼している人間を伝って知り合った相手とはいえ、「個人事業でフリーライターをやっている」と名乗る得体のしれない人間をすぐに信頼するのは難しい。今回の八島氏の案件は、非常にセンシティブで、話題性もある。金と名声ほしさのライターがたかってきたとしても不思議ではない。

だから、逃げずに話を聞くと決めた時点で最初に何を話すか決めてきていて、インタビューを始める前に、「先に私のことをお話します」と切り出した。

「二十代のうちに刑事裁判と民事裁判の両方を経験してきています」

その一言だけで、八島氏の表情が変わった。同情してほしいわけではないので、努めて軽い調子で話を続けた。

刑事裁判は準強制わいせつ罪で、民事裁判はその事件の慰謝料を加害者に求めることと、当時勤めていた会社が加害者を庇い私を不当に扱ったため、会社に対して慰謝料を求めることの二つを目的としていたもので、勝訴したこと。

当時勤めていた会社はゲームソフト制作会社で、役職は採用数が最も少なく難関だと言われているゲームプランナー。小学生のときからゲーム制作者を目指していた私にとって、夢にまで見た場所だったということ。

裁判を起こした件だけでなく、物心ついた時からずっと、恒例行事のように性犯罪に遭い続けているということ。

今は「誠実に書く」ことをモットーにしてライター業を営んでいるということ。

この話をしたのは、三つの意図があった。

ひとつは、法律や社会問題については調べざるを得ない立場に立たされた経験から、専門家のように詳しくはないもののそれなりには知識があって、見た目ほど馬鹿ではないから安心して話してほしいということ。

次に、そうした経験から、事実がゆがめられて真実として扱われることがあると知っているということ。だから、そういうのが大嫌いで許せなくて、そういうスタンスでライターをしているということ。

そして最後に、私のような人間に書かれることに拒否感を示さないかどうかという確認がしたかった。そういう特殊な人間だから、もし私のような人間が嫌であれば、話だけ聞いてまとめて、執筆そのものは別のライターに任せようと考えていた。

八島氏はその話を聞いたあとで、こう答えた。

「僕は採用面接をするとき、その人の人生において一番感動したことと一番辛かったことを聞く。そうすればその人の幅が見えるから。今の話で、聞く前に松田さんがどういう人かわかりました」

性犯罪被害というと、興味本位で色々と質問攻めにされることも多い。隠すこともないのですべて答えるようにしているけれど、その人のひととなりをそこに垣間見ることもある。

八島氏は何も聞かず、「わかりました」とシンプルに答えた。話を始めたときに目が泳いだので、私の話がどうでもいいという訳ではない、ということもわかった。そして、私に拒否感を示していないことも。

この人はかぼちゃの馬車事件の関係者としてネットリンチに遭っている。けれど、そこで怒り狂って自分を見失うような状況には陥っていない。そういう理性を持った人だ。

私が八島氏を垣間見て、八島氏が私を垣間見て、二日間に渡るインタビューが始まった。

八島氏は、インターネット情報に追い詰められて疲弊していた。

インターネットで誹謗中傷され、事件以降に会う多くの人が「詐欺に加担した悪人」というイメージを持って会いに来る。奥様も、これまで関わりのなかった友人から、突然お茶に誘われるようになり、「これまでで、一番不安だ」とこぼすようになった。二歳半の息子も、「悪人の父親を持つ人」として周りから接されて、必ずこの情報の影響を受けるだろう。

「自分だけならどうにでもなったし、どうでも良かった。けれど、家族を守りたい」

これが今の彼の一番の望みのようで、二日間のインタビューの中で、何度も繰り返し話していた。

何はともあれ、かぼちゃの馬車事件についてを聞かなければ始まらない。「一応、インターネットで調べて概要は把握していますので、詳しく教えてください」と切り出した。そうして、八島氏が知っているかぼちゃの馬車事件の公表されていない事実が語られた。

まずは、世間で賄賂だと騒がれているキックバックについてから話し始めた。

「ホーメストはスマートデイズから仕事をもらうために賄賂を渡していた」

こうしたインターネット情報は多いが、「これは実態のない話です」ということだった。

スマートデイズはホーメストだけでなく、他の登録建築会社と特に協議することなく、かぼちゃの馬車建築費用を1坪100万円に設定して投資オーナーに話していた。投資オーナーはその条件を承諾してサブリース契約と土地売買契約を締結し、スルガ銀行に融資を申し込む。ここまでのやり取りに、ホーメストが関与することはできなかった。

ホーメストを含む登録建築会社には、着工の一か月前に投資オーナーを紹介する旨の連絡が来る。その際に受け取る建築請負契約書には、建物の図面や大きさ、顧客情報、掛かる費用などの条件がすべて記入されている。唯一空欄になっている工期を記入してスマートデイズに返却し、着工。半年程度で施工が完了して、投資オーナーへ引き渡すという流れだった。

かぼちゃの馬車建築を請け負うことになり、相場より割高な販売価格が設定されていると知った際、「1坪60万円でできる」と素直に伝えた。

そのとき、スマートデイズはこう返答した。

「それは業務委託費です。契約から営業まですべて担っているので、これだけのコストがかかってしまうんです。この価格を投資オーナー自身が納得して購入しているから問題ありませんから、建築はいつも通り1坪60万円で行なってもらって、残りは業務委託費としてうちに支払ってください」

言っていることは理解できた。スマートデイズが建築請負契約前に関する業務、引き渡しまでの営業窓口業務までを担ってくれるから、登録建築会社はただシェアハウスを建築すれば適正利益はもらえる。そしてその価格を投資オーナーが納得しているのであれば、これ以上は言うべきではないと判断した。

ただ、納得はしていなかった。建物の坪単価以外にも、信用できないと思うようなことがいくつかあった。

その理由の1つが、スマートデイズから送られてくる投資オーナーとの契約書に、毎回クーリングオフに関する資料が同封されているということだった。

それは、スマートデイズが「正式ではない場所で契約の締結を建築会社に指示していた」ということだった。

建築請負契約は、建設許可番号を掲げている建築事務所でないとできない。スマートデイズは、常にスルガ銀行の横浜ローンセンターでサブリース契約と土地売買契約を行なっており、建築請負契約もそこで締結する流れとなっていた。

そのため、建築請負契約書の約款は「訪問販売の契約書」として取り扱われ、約款を説明する際にクーリングオフに関する資料の添付説明が義務付けられている。

建物請負契約の説明の際、約款、図面、工期、仕様、そして建物金額について、着工と竣工に応じて３分割での入金となる旨、１坪１００万円である建築物である説明するも、投資オーナーは皆、上の空だった。

「建物代金の業務委託費ばかりが不当なキックバックとして話題となっていますが、土地代金にも不動産屋に対してのキックバックが含まれていました。これについても、投資オーナーは知らなかったと、すべてが終わってから知りました」

八島氏はそう切り出してから、世間で語られていないキックバックについて話した。

かぼちゃの馬車は、６０坪のもので土地建物併せて1億６０００万円のものがほとんどで、その内訳はシェアハウスの建築費用は６０００万円、土地が1億円。

この1億円の土地の元値は６０００万円。スマートデイズは癒着関係にある不動産屋から６０００万円で土地を購入し、投資オーナーに1億円で販売していた。所有物をいくらで販売しようと、購入者が承諾すれば問題はない。１００円の紙にスーパースターがサインをしたものを１００万円で販売しても、違法にならないのと同じだ。

スマートデイズは契約の時点ですでに、それだけの利益を獲得していた。坪単価だけではなく土地の相場を知っていた八島氏は、スマートデイズが土地をそうやって高額で販売していることにも違和感を覚えてはいた。

しかし、「何かご質問は」と尋ねても、建築物の説明に対しても、土地と建物の価格について言及してくることも一切なく、二つ返事で承諾して判子を押す投資オーナーばかりだった。

「スマートデイズがしっかりと説明をしてくれているから、ほとんどの投資オーナーが詳細を確認せずに簡単に購入してくれるものだとばかり思っていました」

八島氏は、かぼちゃの馬車がかぼちゃの馬車事件として広まってから、かぼちゃの馬車の契約はスマートデイズと癒着関係にある不動産屋とが開催しているセミナー会場やファミレスで行われていたこと、融資契約はスルガ銀行の横浜ローンセンターで締結されていたということを知った。

「こんなに高い買い物をここまで安心してできるほどしっかり説明できるなんて、スマートデイズは凄いなぁと思っていたんです。まさか、何も説明していなかっただなんて……」

八島氏がかぼちゃの馬車建築を引き受けたのは、かぼちゃの馬車の話を持ってきたスマートライフの役員が、知人の紹介で繋がった人物だったからだった。

打診された際、八島氏は一度、話を断った。元請案件が潤沢にあり、スマートデイズからわざわざ仕事を回してもらわずとも、経営に困ることは一切なかった。

しかし、スマートデイズは食い下がった。

かぼちゃの馬車は、月に50棟建築するスピードで契約を取ってきている。そのため、建築会社の手が不足しており、年間100件の注文住宅案件を請け負えるという建築会社の中でも突出したホーメストのスキームが何としてでも欲しかった。

ホーメストが案件を引き受けてくれさえすれば、一気にその他の建築会社何社分ものパワーを得ることができる。スピードが上がるだけでなく、いちいち建築会社に案件の説明をする手間も省ける。

頼み込まれてしまうと、知人の手前、無下に断ることはできない。考えた末、年間100件のキャパシティのうち半分を上限として、かぼちゃの馬車の建築を「投資オーナーとホーメストが直接契約を交わす元請案件として」引き受けることとした。

かぼちゃの馬車の建物請負契約は、投資オーナーとホーメストで直接締結していた。

つまりこれは、他社が引き受けた業務を引き受ける下請案件ではなく、顧客と直接契約を結ぶ元請案件だ。八島氏は、代表取締役に着任して以来、1件も下請案件を引き受けていない。

S建設東京支社をそのまま引き継いだホーメストには、スタート時から年間100件の注文住宅建築をこなせるキャパシティがあり、大手注文住宅の仲介サイト「スーモ」の紹介から入ってくる元請け案件が主体で経営をしていた。

八島氏はこれまで住宅業界で「凄腕営業マン」として活躍してきた実績と手腕があり、それを活用した新人研修システムも確立、S建設のころからスタッフにもその教育をしていた。そのため、スタート直後から土壌が整っており、下請け建築案件は一切引き受けない方針で経営していた。

しかし、違和感はあった。建築物にしろ土地にしろ、価格設定が相場からかけ離れている。いくら丁寧に説明できているとはいえ、できるだけ早く手を切って相場価格で引き受ける気持ちの良い仕事がしたいと考えていた。

2017年8月、ホーメストはかぼちゃの馬車の建築をもう請け負わないと宣言した。株式会社オーシャナイズと資本業務提携契約を締結し、スマートライフからスマートデイズに改名され社長が入れ替わり、知人だった役員もいなくなってしまったことがきっかけだった。

「この翌月に、かぼちゃの馬車の新規融資受付をしないとスルガ銀行が発表して、続いてサブリース賃料の減額をスマートデイズが投資オーナーに通知した。当時は、良い引き際だったと思っていたのに」

肩を落として溜め息を吐いてから、話を続けた。

次に話したことはスルガ銀行の不正融資に際に行われていた私文書偽造についてだった。スルガ銀行の収益不動産ローンの融資基準の1つに、「売買価格の10％以上の自己資金を保有していること」というものがある。

そのため、1億6000万円の融資を受けるときには、1600万円の自己資金を保有していなければならない。かつ、年収も審査の対象とされていたそうだ。

スマートデイズと癒着関係にあった不動産屋はここでも暗躍し、投資オーナーの資産状況を改ざんした偽造書類を作成していた。

しかし、どれだけ精巧な偽造書類を作っても、それだけで融資が通ることはない。この偽造書類に投資オーナー本人が協力しなければ。

正式な融資取引の際でも、金融機関は資料の原本を確認し、行員が資料の情報が間違っていないかを確認した上でコピーを取り、そこに「この書類の情報は本物だ」という旨のサインを本人からもらわなければならない。

スルガ銀行は、原本を確認せずにコピーの資料だけを受け取り、投資オーナーにそれと同じ内容のサインを求めた。

投資オーナーはそれに応じて、実際の資産状況と異なる数値が記載されている資料にサインをした。

つまり、改ざんされた資料を自身の目で確認している。

それが私文書偽造という犯罪であると知らないまま、「サブリース賃料で返済できるので問題ありません」というスマートライフからの説明を信用して、それを提出した。

スマートデイズは「資金がなくても購入できる」という『資金0スキーム』があると投資オーナーに説明していた。それの正体が、この私文書偽造ということだ。

そしてスルガ銀行は原本確認をせず、改ざんされた資料のコピーにサインするよう投資オーナーに求めた。第三者委員会が発表した調査内容が事実だとすると、スルガ銀行の行員は、この資料が改ざんされたものであったと知っていてサインを求めたことになる。

ここまでの話をまとめると、かぼちゃの馬車の売買契約と融資契約は、スマートデイズ、スルガ銀行、不動産屋。この三者の癒着関係の中で成立しており、それ以外の人らは「ただの関係者」ということになる。

投資オーナーはこの三者にそそのかされ、私文書偽造というテクニックを用いた資金0スキームを実行してしまっていた。結果、簡単には返済できないほどの借金を背負うこととなった。

2018年1月、スマートデイズよりサブリース賃料の支払い停止を通知され、スルガ銀行に返済猶予を求める中で不正融資の事実を、物件を売却することで返済しようとする中でキックバックの存在を知った。そして、「不正なお金だから支払いはしない」と言って、ホーメストへの支払いを拒否した。

この支払い拒否の案件が20件で、合計3億円強の未収入金がある状態で2017年度の決算を迎えることとなった。未払い金がある契約の売上に関しては、入金分もまとめて売上として計上できない。20件すべてで未収入金があるため、9億円が売上として計上できない。八島氏はいつも会計を依頼しているA会計事務所の担当会計士にその旨を相談した。

会計士は、「来期に繰り越せば来期の決算を良く見えるから繰り越した方が良い」と判断した。2017年度が赤字なのは、かぼちゃの馬車事件に巻き込まれたから、で言い訳が立つ。翌年に回復していれば顧客も安心してくれるだろう。他社からの信頼が仕事を大きく左右する不動産業界では、こうした措置はめずらしいことではなかった。

八島氏はそのアドバイスに従い、総額1億8000万円の赤字を計上し、債務超過の状態で2017年度を終えた。

それが、ホーメストが「破産」に傾いた本当の原因だった。

ホーメストは、年間100件建築できるスキームを持っている。そのうちの50件をかぼちゃの馬車建築に、残りの50件をスーモの紹介で入ってくる元請け案件に割いていた。かぼちゃの馬車建築業務がなくなっても、充分、会社を経営していくだけの収益を上げられるはずだった。

しかし、スーモからの紹介がストップしてしまい、仕事がなくなってしまった。スーモは「サイトに掲載しない建築会社の条件」を2つ設けており、どちらかに該当した建築会社への紹介をストップする。1つが「2期連続赤字」、もう1つが「債務超過」だった。

2017年度決算は1億8000万円の赤字。ホーメストの資産総額をゆうに上回り、債務超過の状態に陥っていた。

債務超過という事態を想定していなかった八島氏は、その条件を見落として、決算を終えてしまった。

3億の未収入金を抱えていてもスーモからの受注をこなせば経営が破綻することはない。それをこなしつつ、じっくり今後の経営方針を固めるつもりでいたが、突然手持ちの案件の一切を失ってしまい、ホーメストの経営が破綻した。

債権者説明会という誤報が流れた業者報告会は、決算直前の3月に実施された。その後にこうした状況に陥り、「ホーメストが倒産する」という噂が、現実になってしまった。

4月、何とかして未収入金を投資オーナーから回収するため、八島氏は知人に紹介してもらった弁護士とともに計画を立て始めた。担当弁護士にスマートデイズとの契約に関しての交渉内容とそれに関する資料を渡したところ、「勝てます」という返答がもらえた。

そして5月までに2回、投資オーナーに対して未収入金の支払い請求訴訟を起こした。

3億円のうちの1億円を回収したころ、ホーメストが提訴していた投資オーナーが被害弁護団に加入した。被害弁護団の弁護士は「ホーメストも詐欺に加担しているから支払わない」と争う姿勢だったが、「詐欺であることを立証してください」という裁判官の指示に従うことができなかった。

投資オーナーと被害弁護団の弁護士が「ホーメストが不正行為に加担していた」証拠として挙げていたのは「スマートデイズにキックバックを賄賂として流す代わりに多数の仕事をもらっていた」という状況証拠だけで、キックバックが不正なものであること、癒着関係であったことなどを証明できるものは一切なかった。

これが詐欺事件でホーメストが加担していたとする理屈は憶測でしかなく因果関係を証明できる人は誰ひとりとしていない。

対してホーメストの状況証拠に対する反証はここまでに書いた通りで、それを証明するだけの資料を揃えている。担当弁護士も、「もし訴訟になったとしても間違いなく勝てる」と話していた。

それどころか、投資オーナーが改ざん資料にサインをしたという私文書偽造の事実まである。スルガ銀行に投資オーナーがサインした資料を提示してもらってホーメストが被害届を提出すれば、刑事事件として立件される可能性はゼロではない。

私文書偽造をそそのかしたスマートデイズ、それを通したスルガ銀行が諸悪であるという事実に変わりはないが、ホーメストから見れば投資オーナーは「加害者」だ。被害者としてホーメストを相手取った裁判が成立するはずがなく、結局、判決が下されることなく立ち消えた。

業者への報告会、赤字決算の計上、スーモからの紹介ストップ。こうしたことが立て続けに起こった2018年3月。そのときから八島氏は「ホームストの株式を譲渡してでも必要な資金調達をしよう」と考えていた。

3月時点のホームスト時価総額はおよそ45億円。株の6割を譲渡すれば、3億円の資金を獲得できる。それで未払金を支払った上で、再度立て直しを図る。それが、八島氏のホームスト再生計画だった。

広く知れ渡ったホームストブランドを欲しがる企業は多く、M&A市場に出してすぐ、10社ほどの上場企業が名乗りを上げた。

しかし、どの企業もホームストを買収しなかった。

「スルガ銀行から不正融資を受けていたシェアハウス、かぼちゃの馬車の建築会社」という情報は、世間から見れば悪い印象しかない。実際に関与しているかいないかではなく、イメージダウンして自社の株価が下がってしまう可能性があるかどうかが問題となった。

株価やブランドイメージを大事にする上場企業には売りに出せないと知り、株価への影響を問題視しない中堅企業、個人投資家にまで打診する範囲を広げた。

しかし今度は、買収するほどの資金を持つ人がいなかった。

買い手がつかないまま迎えた8月、ある企業からの紹介で、「ホーメストを買収したい」と話すE社のI氏と出会った。

このとき、ホーメストはすでに資金がショートしており、八島氏は、もうホーメストの再生は諦めていた。

望みはただひとつ、これまで自分についてきてくれたスタッフ23名全員が職を失って路頭に迷わないようにすることだけだった。

「民事再生をして、現在ホーメスト名義で抱えている債務をクリアにしてから渡すことと引き換えに、会社のブランドだけではなくスタッフ全員を引き受けてほしい」

これが、八島氏が提示した条件だった。

条件通りにホーメストを売り渡せば、八島氏は4億円の借金を背負うことになる。それでも、スタッフが路頭に迷うことだけはないようにと、すがる思いだった。

I氏はその条件を呑んでホーメストを買収すると返事したため、八島氏は8月のうちに手続きを開始しようとした。ホーメストは、もうスタッフに給料を支払う余力を残していなかった。一刻も早く買収を完了させなければならないと、必死だった。

しかし、I氏はなんだかんだとけちをつけてきて、契約書に判を押そうとしない。けれど、買収する意思は示してくる。そうこうしているうちに9月になり、それでもまだ結論を出さない。しびれを切らして話を白紙に戻そうとしたとき、I氏がこう言った。

「八島さんに、個人的に600万円をお貸しします」

23名のスタッフへの給与が、ひと月およそ600万円。貸し付けた金でひとまずそれを支払ってしのいでくれという提案だった。

買収すると言っているくせに貸付がどうこうというI氏を不審に思ったが、スタッフに給料を支払いたい一心で、八島氏はそれを承諾した。ところが、給料支払い日の10月25日、約束されていた600万円は振り込まれず、給料を遅延することとなった。

パニックになったスタッフを鎮めるために社員に向けての説明会を実施し、すでに買収の話が進んでいること、E社にスタッフ全員を移籍させるから安心してほしいということを話した。

しかし、ホーメストがE社に買収されることはなかった。

I氏は、八島氏とホーメスト買収の話を進めているふりをして、部長を含む優秀なスタッフな5名と個人的に連絡を取って自社に勧誘して、11月時点で4名の引き抜きに成功した。そして、もう用なしと言わんばかりに買収の話から手を引いた。

「一連の騒動の中で、この火事場泥棒のようなI氏の振る舞いだけは許せない」

インタビュー中、八島氏があからさまに憤りを見せたのは、I氏について話したときだけだった。勧誘された5名のうち1名、八島氏とE社のやり取りをすべて見ていた幹部がいた。彼は引き抜きに乗らなかった理由は、その話を聞いて想像がついた。

もしI氏が買収すると言わなければ別の企業に打診もできた。買収すると言いながらあだこうだと言い訳をして契約を締結せず、引っ掻き回すだけ引っ掻き回していった。それが許せないと語りながら、「でも、ああ、僕にも落ち度がある。経営者として判断ミスをしたんです」と嘆いた。相手が憎む気持ちの中で、自らの愚かさも痛感していて、だから、言葉がこの問題の責任の所在地を探してうろついているようだった。

そう嘆く理由のひとつに、E社に行ってしまった部長のひとり、斉藤氏の存在があった。八島氏と斉藤氏は旧知の仲で、二人が再会したのは斉藤氏からの電話がきっかけだった。八島氏はホーメストの代表取締役として就任する前、この前身となるS建設東京支社の支社長を務めていた。東京支社は、S建設出資のもと新宿支社として、八島氏に経営が一任されてスタートした。

新宿支社を始めてすぐ、斉藤氏から八島氏に電話が入った。在籍している会社で営業職に就いたものの、もともと職人である斉藤氏は結果を出せなかった。転職しようかと悩み始めたとき、ふと八島氏のことを思い出して電話をしてきたということだった。S建設新宿支社のことは何も知らず、本当にたまたまタイミングがあっただけだった。

八島氏は、斉藤氏をS建設の工事責任者としてスカウトした。長年職人をやってきた斉藤氏は、営業よりもこちらの方が活躍できるはずだと見込んでのことだった。

そこからここまでずっと一緒にやってきた。ホーメストのスタッフになってからは「彼がホーメストのナンバー2だ」と吹聴して回っていた。

その斉藤氏が、I氏の口車に乗って行ってしまった。

「強い組織を作りたくて、信頼関係を一番に考えてきた。なのに、全然築けていなかった」

それがとても悲しいと、八島氏は語った。

斉藤氏はE社から出資を受けて会社を設立したという情報が八島氏の耳に届いたのは、斉藤氏が、八島氏が作った業者会を通じてこれまで関係のあった業者たちに「社長になりました」という挨拶をしたことがきっかけだった。

「普通、そういうことしませんよね。不義理が過ぎる」と言ったあとで、

「そういうの、気にならない人もいるんですね」と肩を落とした。

こう語った八島氏の表情は、Ｉ氏のことを語るときとは全く違うものだった。

「けど、裏切るよりも裏切られた方がましだと思いますし、社員にもいつもそう話してきました。ただ、これからも裏切られるだけだと辛いですね」

それが自分の信念だと、八島氏はインタビュー中、何度も繰り返した。

八島氏にとって、「何もしていないのに悪役として祭り上げられる」という経験は、今回が初めてではなかった。これまでも、人に裏切られ、その界隈で「八島睦は悪い奴だ」という風評が流れされてきた。

かぼちゃの馬車事件に巻き込まれてからインターネットで流れている悪評の中に、八島氏の過去に基づいて「だから彼は悪人だ」と語るものがあるそうだ。

「それについても、事実無根です」

八島氏はそのことを私に伝えるために、新卒で入社したＨハウスのときの話から順番に、自分の半生を話し始めた。

１９９２年４月にＨハウスに入社、その年の１２月に父親を亡くした。肝不全だった。

岩見沢市にある社員寮に住んでいた八島氏が札幌にある実家に帰宅した火曜日の夜、父は見たことがない震え方をしていた。病院嫌いの父が初めて「明日、病院に連れて行ってくれ」と言ったので、「わかった、明日の朝に行こう」と答えた。

明朝6時ごろ、妹に呼ばれて父の元へ駆けつけると、すでに瞳孔が開いていた。

救急車が到着したとき、すでに父の心臓は止まっていた。12月の北海道は積雪がひどく、通勤ラッシュの時間と重なり、到着が遅くなってしまった。病院で処置を受けて一時蘇生するも、その日の夜に息を引き取った。

もともと酒飲みだった父親は、八島氏が寮に入ってからは毎日焼酎を2リットル飲んで、吐血を繰り返していたという。

言われてみれば、震え方が異常だったとか、白目が黄色く濁っていたとか、思い当たる変化はあった。医者でもない19歳の少年に、その変化が死に至る病からのものだと気付けなくても無理はない。そうわかっていても、気付けなかった自分を責めた。

ある日突然、家族がいなくなる。八島氏はすでにその経験があった。

1998年、中学校卒業を目前にした11月13日、八島氏の母親は交通事故で亡くなった。

「今夜は、保険の外交員仲間とススキノで会合がある」

そう言って出かけて、帰って来なかった。

15歳の八島氏は、3人の子どもを置いて呑みに行こうとする母に反感を抱いた。

「母親のくせにこんな夜にススキノに行くってどういうことだよ」

反抗期も相まって、八島氏は出かけようとしている母を怒鳴りつけた。大人になった今なら仕事の付き合いの意味もわかる。けれど、八島氏はまだ中学3年生の子どもだった。出かけた家族は帰ってきて当たり前だと思っていたのに、それが母との最期の会話になってしまった。

帰宅のために乗車したタクシーが事故に遭い、母は息を引き取った。

その母親の葬式に訪れた、母の保険の外交員仲間が、泣きながら八島氏にこう話した。

「息子が、野球で有名な高校から特待生として推薦を受けたと自慢して回っていた」

この一言が、八島氏にはひどく衝撃だった。

八島氏の父は、「少年野球の監督になりたい」という夢を叶えるために会社員を辞めてスポーツショップ立ち上げるほど野球が好きな人だった。そんな父のもと育てられた八島氏は、3歳のころからバットとボールで遊び、小学校一年生から父の指導のもと野球の練習を始めた。

そのときから毎朝6時に起きて父とふたりで朝練をするような生活を送り、2年生のころには少年野球チームに所属していた。そのころには、本来であれば4年生からしか参戦できない試合に4年生だと偽って登録して参戦するほどだった。

中学に上がって反抗期に入って親に嫌気が差して悪い遊びを覚えても、野球を忘れることはなかった。そしてその能力が評価され、学費が全額免除になる特待生としての推薦を受けた。けれど、その推薦を辞退しようとしていた。

「親に習った野球を続けるより、友達とバイクに乗りたい」なんて、反抗期の子どもじみた青い理由で。

母は、いつも茶の間で保険の外交員仲間と世間話に花を咲かせているような人で、八島氏が学校から帰宅すると、いつもそこで楽しそうにしていた。女同士の会話に入る気にもなれず、いつも黙ってそこにいるだけだった。それでも母は何も言わないから、そこまで自分に興味がないものかと思っていた。特待生の話だって、「辞退する」と伝えても、特に何も言われなかった。

母が、そんな風に喜んでくれていた。それを知った八島氏はすぐに進路を変更して、特待生として高校へ進学することを決めた。

「母が死をもって、僕が人生の道から外れないように導いてくれた」

そう思うことで悲しみを乗り越えた。そうすることでしか母に恩返しができなかった。

母が保険の外交員を始めたのは、父が経営するスポーツショップの収入だけでは生活できなかったからだった。働きながら家族の世話をしてくれていた。

母との会話は少なかった。けれど、愛されていないだなんて感じたことはなかったと、失うことで心に空いた穴の大きさで痛感した。

その母と、母が帰ってくる当たり前をなくして、最期の会話をあれだけ悔やんでいたのに、また悔いを残すような別れ方をしてしまうなんて。

父がいなくなり、家族は、中学生と高校生の妹二人と八島氏の三人だけになってしまった。妹たちがとてもいとおしく思えて、次は絶対に後悔しないようにしようと強く誓った。

八島氏のそんな決意を知らず、葬式が済んで間もなく開かれた親族会議で、親戚にこう告げられた。

「妹二人を親族では預かることはできない。施設に預けてくれないか？」

まだ19歳で、実家のある札幌から離れて岩見沢市にある会社寮に住んでいて、月給が手取り９万円の八島氏には面倒が見切れないだろう。そう判断してのことだった。

八島氏はそれを拒否した。

「妹二人を養えるだけ稼いでやる」

そう決意して出勤した忌引き明けの会社で、八島氏はひどい裏切りに遭った。

契約予定日と忌引き休暇が重なってしまった、八島氏が受注した案件２件。その成績が、所長のものにされていた。

忌引き休暇の連絡の際にその旨を連絡したところ、所長の「代わりにやっといてやる」という言葉に「ありがとうございます」と返していた。それが、手柄を横取りされることになるとは思わずに。

この上ない浅ましい裏切りを受けて、八島氏はＨハウスの辞職しようとした。

どうせこのままでは妹たちを養うためのお金を稼ぐことはできない。休みなく土木作業員のアルバイトをすれば、２４万円稼げる。そうするしか道はないと思い至った。

勢いで辞職しようとする八島氏を止めたのが、のちに八島氏をホーメストへ連れて行くこととなる鈴木氏だった。

「若い時分はそれでいいかもしれないが、それが５０歳になってもできる仕事だと思うのか」

至極真っ当な意見で諭されて考え直している八島氏に、鈴木氏はこう続けた。

「私が親代わりになってやるから、騙されたと思って、うちの会社で社長になるつもりで頑張りなさい」

どうせどうにもならないと思いながらも一旦引き下がったところ、鈴木氏は八島氏のためにできる限りの手配をしてくれた。

全国に支店のあるＨハウスには、転勤者特例制度として、転勤者には家賃全額保証がなされる。鈴木氏は八島氏にその制度が適用されるように手配した。同じ支店に在籍したまま翌月から転勤者扱いとなり、家賃が全額保証されることとなり、寮費として差し引かれていた分の給料２万円が加算されることになった。そのうえ鈴木氏は、本当に「親代わり」として、八島氏を常に助けてくれるようになった。

親をなくし、妹と引き離されそうになり、手柄は奪われ。一番辛い時期を、鈴木氏は支え続けてくれた。

自分にとっての仕事の充実ややりがいなんてどうでもよくなった。鈴木氏に恩返しをするために、八島氏は仕事に心血を注いだ。

１９９７年、２４歳のとき、社内規定で３０歳以上しか昇進できないとされている営業課長への昇進という形で努力が実った。

２００２年、鈴木氏はホーメストの代表取締役社長として会長よりスカウトを受け、八島氏に「スタッフにならないか」と打診した。鈴木氏に恩義を感じていた八島氏はそれを引き受けて、ホーメストに移籍し、東京へ移住した。１２月のことだった。

八島氏がホーメストに在籍していたのは、たった8か月だけだった。八島氏はそこで、新入社員と2年目の社員を中心としたメンバーで構成された営業チームのリーダーを務め、２００３年の7月単月で3億5千万の受注を獲得した。そのペースでいけば、八島氏のチームだけで約４０億円、会社全体として１００億円の年間売上も夢ではなかった。

２００３年8月、八島氏がホーメストを辞職する運びとなったのは、彼をホーメストに連れて行った鈴木氏が会長と折が合わず、ホーメスト代表取締役社長を解任されることとなったからだった。

7月３１日、八島氏の３０歳の誕生日。8月1日に変わる直前、２３時頃に鈴木氏に呼び出された。「妻が誕生日祝いの準備をしてくれているから行けない」と断る八島氏に、鈴木氏は「今日は特別だから、来てくれ」と言った。

ただならぬ気配を察知して鈴木氏を訪ね、そこで解任の旨を告げられた。

「家に帰ったら夜中の3時か4時で、まあ朝方ですよね。で、それ誕生日の日ですよ。もう忘れもしない誕生日になって」

愛想笑いで笑い話に見せかけて、私にそれを語った。

ホーメスト代表取締役を解任された鈴木氏は、「札幌に戻って起業する」と話した。八島氏はホーメストを辞職して、鈴木氏についていった。自分の窮地を助けてくれた恩人を、心の底から信頼していた。

そして、同年10月、鈴木氏と八島氏に加え、鈴木氏が連れてきた渡辺氏の三人を中心とした16名のメンバーで、株式会社Mホームをスタートさせた。

Mホームは7200万円の資本金でスタートした。事業の運転資金は銀行からの借り入れで賄った。まだ市場での信用を得ていないにも関わらず借り入れができたのは、八島氏の札幌にある自宅とアパートを担保に入れたからだった。それでも金利は3%と少し高めの設定。資金がない状況下で、それを呑むしかなかった。

このとき、鈴木氏は「八島がMホームの次期社長だ」と触れ回って、可愛がってくれていた。だから、資金繰りを八島氏が担うことはこれまで鈴木氏から受けてきた恩返しでもあり、将来自分自身が社長になる会社を華々しくスタートしたいという野心でもあり、躊躇いはなかった。

問題が起きたのは、ある案件の資金調達の際、「これ以上、八島に負担はかけたくない」と考えた鈴木氏が、銀行からではなく株式会社M建工の代表取締役社長・三浦氏個人から資金を借り入れしたことから始まった。

M建工は北海道では老舗のパネル販売会社として知られている上に、鈴木氏と三浦氏は30年ほどの付き合いがあった。そのよしみで、低金利で資金を用立ててくれるとの提案に、鈴木氏は乗った。

悪い予感がして、八島氏は鈴木氏を止めた。銀行融資であれば、万が一のことがあっても返済計画を立て直すことができる。個人相手だとそうはいかず、リスクが大きい。

しかし、鈴木氏は八島氏の忠告を無視した。案件が終了すればすぐに返済できる見通しがあり、それなら面倒な銀行融資よりも三浦氏から借りた方が良い、という判断だった。

八島氏の予感は的中してしまった。積算担当のミスで、想定していたよりも利益が少なかった。2棟の物件合わせて、2000万円の差額があった。

鈴木氏が三浦氏に「2000万円の返済を滞納させてほしい」と願い出たところ、「M

ホーム株式の2000万円で相殺でいい」と提案した。返済しなくてもいいというわかりやすいメリットに、鈴木氏は食いついた。

2000万円分の発言権を得た三浦氏は、「M建工の群馬県にある加盟店の後継者がいないから、そこの代表取締役社長になってほしい」と、八島氏に打診した。

これまで八島氏は、「Mホームの営業担当」であり「資金調達をしている役員」として、資金を借り入れしているM建工の営業も手伝っていた。しかしそれは、あくまでMホームのためだった。Mホームの社長になるつもりでこれまで頑張ってきた八島氏は、三浦氏の打診を断った。

しかし鈴木氏は、「最近は、もうひとりの役員である渡辺を社長にしてやりたいと思っている」と言って、八島氏に群馬県に行きを命じた。鈴木氏は、2000万円で八島氏を売った。一番信用していた鈴木氏からの裏切りは、八島氏にとって耐えられないほど大きなものだった。

八島氏はその要求を呑むことができず、2005年3月、役員を退任し、Mホームから去る決意をした。新卒で入社したHハウスからずっと一緒だった鈴木氏との決別は、八島氏の半生の中でも大きな出来事だった。

けれど、それを凌駕するほどの事件が、次に所属した株式会社Uホームで起こった。八島氏はUホームに移籍したのはMホームを辞職した直後の同年4月、31歳のとき。フランチャイズ事業で規模を拡大した建築会社であるUホームで、直営店部門を盛り上げる計画がある。その部門の責任者として八島氏を呼びたいと、Uホーム代表取締役社長の山本氏からの打診だった。

後でわかったことだが、Uホームが直営店部門を盛り上げることになったきっかけは、加盟店がごっそりと脱退したことだった。それによって収益が大きく減少し、加盟店での売上に頼らなくてもいい直営店部門での売上をしっかり立てようと思い至ったのだという。出だしから何かがおかしかった。直営店部門ではなく営業部門に、しかも責任者ではなく、一営業マンとして配属された。山本氏からは、こうした説明がなされた。

「まだ私と一部の役員しか八島さんのことを知らないから、まずは営業としてスタートしてもらえますか」

年収500万円に加えての歩合給を提示され、その条件を呑んだ。その条件であれば、最低ラインだと考えている年収1000万円は歩合を含めれば余裕で稼げるだろうと判断してのことだった。

そのために獲得しなければならない受注数は年間12棟。月に1棟売ればクリアできる。18歳でHハウスに入社して営業職に就いてからこれまで、八島氏は後輩の営業に同行しながら自分の仕事もこなし、その中で周りが目を見張るほどの成果を上げてきた。部下を持たずにひとりで自由に動ける環境下、入社して3か月で8棟の受注を取った。

その時点で八島氏は営業職から外され、当初任される予定だった直営店部門の店舗開発室室長に任命された。そこで新しいノルマとして、「新規店舗数」が提示された。3年目には、13店舗を管轄。33億円の売上を計上し、執行役員に就任した。

八島氏入社時に会社の総売上が45億円、直営店部門の売上はそのうち4億円で、残りは加盟店が売り上げていた。

在籍して3年目、Uホームの総売上は45億円のままだった。つまり八島氏は、入社前までUホームを支え続けてきた加盟店の収益を賄えるだけの成果を直営店部門で構築した、ということになる。

その折、山本氏は新たなフランチャイズ事業を展開するためにMBOを実施し、Uホームの株式の75%を投資ファンドが持つことになった。

八島氏がMホームを辞職することになったきっかけは、2000万円の資本金を売り渡してしまったことだった。だから、このときから嫌な予感はしていた。

投資ファンドは、「Uホームはフランチャイズ事業がメイン事業で、直営店事業はおまけ」と認識した上で投資した。実際には、総売上が45億円のうちの33億円が直営店部門の成果で、フランチャイズ事業を含む他の事業を売上は合計して12億円だった。

その実情を知っている八島氏は、これまでも役員会で直営管掌役員として強く発言することがあった。この役員会に投資ファンドのスタッフが必ず3名参加するようになり、その光景を目の当たりにした。

投資ファンドの面々は、「おまけだと思っていた直営店部門で売上を伸ばして偉そうな口を利く若造」の存在が気に喰わず、難色を示すようになった。

八島氏を外したいという考えた投資ファンドは、山本氏に対し、八島氏の次年度の年俸を下げるように命じた。

75％の資本を有する投資ファンドの意見には逆らえず、山本氏は八島氏にその旨を伝えざるを得なかった。

「八島くんを投資ファンドから守れなくてすまない」という謝罪を山本氏より受けた八島氏は、Uホームの辞職を決意した。

そしてすぐに株式会社Yランバーからのオファーを受けて、移籍することとなった。会社の売上の3分の2以上を賄っている八島氏が辞職する。それを聞いて、Uホームが倒産するのではと考えるスタッフがいて、不安から退職する社員が出てきてしまった。そのことが原因で、八島氏はUホームより提訴された。

訴訟事由は、社員の引き抜き行為だった。八島氏を嫌っていた投資ファンドが、山本氏に命じてのことだったようだ。

Uホームは八島氏本人だけでなく、八島氏を利用してスタッフを引き抜いたとして、Yランバーに対しても損害賠償を請求すると宣言した。

スタッフが勝手に辞職しただけだと説明しても、怒り狂っている投資ファンドの面々は聞く耳を持たなかった。迷惑をかけたくない一心で、八島氏はYランバーを辞職した。

訴訟が終わるまでの間、八島氏は無職で過ごした。どこかに所属すれば、所属した先が攻撃対象になるとわかっていたからだ。引き抜き行為を行なったという事実はなく、勝訴することはわかっている。誰かに迷惑をかけるぐらいであれば、訴訟が終わるまでは無職で生活する道を選んだ。

幸いにして、しばらく夫婦二人で生活できるだけの蓄えはあったが、日々目減りしていく預金額に恐怖を感じないわけではなかった。

その彼を支えたのは、元Uホームスタッフの田中氏と高橋氏だった。彼らは、八島氏がUホーム役員を辞任した後で退職し、「八島さんと一緒に仕事がしたい」と言ってくれていた。

「三人で新しい会社の準備をしよう！」

訴訟が終わるまでは身動きが取れないのだから、それならばこの時間を楽しもうと思い、八島氏はその提案に乗った。

それぞれが書いた企画書を持ち寄って、毎日ネットカフェに集まった。無責任に夢と希望を語り合い、明るい未来を思い描くだけの時間はただひたすらに楽しくて、預金が減る恐怖も、無実の罪で提訴された憤りも、すべてを忘れさせてくれた。

1年近く、こうした時間に支えられて争い続け、八島氏の勝訴で裁判は幕を閉じた。事実、引き抜き行為を行なっていないのだから、誰もそれを証明できるはずがなかった。

結局、三人で起業することはなかった。無職でこの時間を共にしていた高橋氏が、両親の心配を受けて再就職することになったからだった。

「高橋は今、ある企業でトップの営業マンとして活躍しているみたいです」

八島氏は、とても誇らしげにそう語った。

楽しい話は長く続かない。すぐに出会ったときのような表情に戻って、次は、Sパートナーズという投資ファンドに在籍していたときのことを話してくれた。

2011年6月、Uホームとの訴訟が終わってから、八島氏はSパートナーズという投資ファンドに移籍した。37歳のときだった。Uホーム、Mホームで「資本を持つ者」に立場を脅かされてきた経験から、資本を持つ側に所属しようと考えての選択だった。

Sパートナーズは、倒産した会社や倒産しかけている会社を買収し、立て直して売却するという事業を営んでいた。八島氏は、買収してきた会社の1つ「Rホーム」という建築会社の立て直しのためにスカウトされた。

着任したとき、売り上げ不振による賃金遅滞が常習化しており、スタッフも業者も全員疲弊していた。

適正利益の取れる案件を営業で獲得し、現場作業がスムーズに流れるよう体制に整えて、1年もかけずに現場の立て直しを実現。会社の総売上は70億円に達した。

しかし、賃金遅滞の常習は改善されず。八島氏は役員会にて何度も異議を申し立てが、その訴えは一向に聞き入れられなかった。

その折、八島氏は偶然にも、「Ｓパートナーズが不正行為を画策している」という噂を耳にしてしまった。

確証はないにしろ、もし事実であれば顧客を裏切ることになる不正行為を知ってしまった。八島氏は、Ｓパートナーズに在籍する責任者として案件を進めることはできないと判断した。

すぐに辞職し、「八島睦」個人としてそれらの業務を引き受けた。自分を信頼して発注してくれた顧客を裏切るようなことをしたくない一心だった。

八島氏の管轄エリアで獲得した、施工が完了していない２０件の契約。現場立て直しの際に体制を見直したことが幸いし、窓口さえ務めれば問題なくすべての施工が完了できる体制になっていた。

すべての引き渡しが終わるまで約1年の時間を要した。事情を知った顧客のひとりが、八島氏にこう告げた。

「八島さん、次は必ず成功してね」

そうした感謝の言葉だけで、すべてが報われたと思った。

これまで八島氏は、どの組織でも人に期待されている以上の成果を上げてきた。にもかかわらず、周りの身勝手に振り回されて裏切られて、どこにも根を下ろすことができなかった。そのせいで「従わなければならない人間のいる仕事」に嫌気が差していた。

誰にも振り回されないためには、独立するしかない。そう思い至って起業の準備をしている八島氏に、S建設の社長が「うちに来て一緒に仕事をしませんか」と声を掛けた。

S建設はSパートナーズの一連の騒動の中で、一括発注先として八島氏と仕事を共にしていた。一年もの間、個人で顧客のために走り回っていた八島氏の誠実さを評価して、八島氏をS建設にスカウトした。


これまでの経験から、S建設という組織に属することはためらわれた。けれど、「顧客のために個人で窓口業務をこなした」という事実を評価して、共に尽力してきてくれたS建設に報いたい。どうするべきか考えて、八島氏はこう提案した。

「神奈川県の本社に所属するのではなく、S建設の支社として、札幌と東京に支店を出させてください。ゼロから立ち上げてみせます」

S建設はそれを引き受けた。八島氏の提案にはそれだけの価値があり、八島氏をそれだけの信頼していた。

そして2014年12月、S建設完全出資のもと、八島氏が支社長を務める新宿支社がスタートした。2016年にはオフィスを銀座に移し、東京支社に成長。本社とほぼ同数の20名ほどのスタッフを抱えて営業していた。

初年の2014年度で10億円ほどの受注を獲得、2015年度には25億円の売上を上げた。2016年度、S建設本社と東京支社を合わせた売上は30億円。そのうちの25億円は東京支社が稼いでいた。

にもかかわらず、2016年度の決算にて、東京支社が赤字で本社が黒字だという数字が計上された。S建設の経理事務は、すべて本社で行われていた。

ホーメストの買収が打診されたのは、そうしたことに違和感を覚え始めていた時だった。元より独立を志していた八島氏にとって、最高のスタートを切れるまたとないチャンスだった。

「義理を欠かない」を信条にしている八島氏はこれまで評価してくれたS建設の佐々木会長に報いるために、まずはこう提案した。

「ホーメストを買わないかという話が来ました。S建設で買いませんか」

佐々木会長はその提案に乗り、S建設で買収しようとしたが、ホーメスト側から断りが入った。「資本金1億円のホーメストを、資本金2000万円のS建設が買収する」ということに難色を示したからだった。

しかし、続けてこう言った。

「八島さん個人にであれば売却してもいい」

八島氏は個人であるため、S建設ほどの資本金も持っていない。にもかかわらず打診されたのは、ホーメスト在籍時に出した成績を含めた今までの実績を評価されたからだった。

八島氏はそれを受けて個人での買収を考え、佐々木会長にこう提案した。

「東京支社の売上とスタッフはすべて今のまま置いて、私だけで移籍します。そして今後、ホーメストで取った受注の施工をS建設に一任して売上に貢献いたします。ですから、私個人でホーメストを買収してもいいですか」

佐々木会長は最初それをそのまま受け入れて頷いたが、顧問弁護士と相談し、しばらく考えたのちにこう言った。

「銀座オフィスとスタッフを、すべてホーメストとして引き継いでくれて構わない」

八島氏はこのとき、佐々木会長の口から、本社社長が一度会社を潰していることを始めて聞いた。現時点でも東京支社に売上を抜かれるほどの経営状態が芳しくない。どれだけ優秀であったとしても、本社が引き継いでもそれを持て余す可能性は大きいという判断だった。個人での買収を決めたのが3月頃、その話を受けたのが8月頃だった。

東京支社のスタッフにその旨を告げ、ホーメストへの移籍が嫌であれば本社への異動も手配すると提案した。全員が「八島さんについて行きます」と、ホーメストに所属する意を表明した。

7月、奥様が出産した。八島氏が28歳のときから傍にいて、これまでの人生を共に支え続けてきた。辞職しても、無職になっても、心配こそすれ怒ることはなかった。

10月、八島氏が代表取締役社長を務める新生ホーメストは、スタッフ21名、銀座事務所にてスタートした。

家族にも、仲間にも、事業にも恵まれた。これまでの苦労がようやく実り始めている。これを二度と失わないためにもホーメストを軌道に乗せなければという使命感に駆られた。そのため、八島氏は代表取締役に着任してから、ホーメストを「元請建築会社」として経営してきた。かぼちゃの馬車建築もスマートデイズの下請けとしてではなく、投資オーナーと直接契約を結んだ元請け案件として引き受けていた。

そして2018年11月27日、ホーメストは破産手続きを申請した。

11月の給料の支払いを遅らせれば、会社を存続させることはできた。けれど、八島氏はそれをしなかった。スタッフに先行きが不透明な生活を強いるよりも、会社を畳み、全員を会社都合での辞職にすれば、すぐに失業手当が支給される。そうすれば、余裕をもって転職活動をしてもらえるだろうと踏んでのことだった。

そして何より、疲れてしまった。スタッフのために、業者のために、約4億円の未払金を個人で背負うことまで覚悟して走り続けて。

2019年3月5日に一度目の債権者集会を終え、20日、ここで半生を語っていた。かぼちゃの馬車事件について、ネットリンチについて、彼のひととなりについてをインタビューするつもりだった私は、予想以上の彼の波乱万丈人生に少し混乱していて、「一度、時系列を整理しましょう」と提案した。

八島氏はホワイトボードに、これまで在籍してきた会社名と時期、主要な関係者を書き出しながら、「ここでこんなことがあって、この人がこういう人で」と話してくれた。あっという間にホワイトボードはいっぱいになった。

ホーメストの設立日と破産手続き申請の日を右下の端の小さなスペースに書き込んで、こうつぶやいた。

「僕は、何を間違っていたんでしょうか」

二日間のインタビューの中で、このシーンが一番目に焼き付いている。

私は必要事項の聞き取りが終わるまで、彼の意見を左右する発言や行動は控えるように努めていた。だから、悲しいと自覚する間もなく涙を流してしまったことが、不覚だった。

八島氏はそれに驚いて、慌てて話題を逸らした。たったそれだけのことは、八島氏がここまで話してきたことが事実なのだと教えているようだった。

２０１９年2月２７日、八島氏は知人の紹介で、（社）日本知的資産プランナー協会の代表を務める西元氏と対面した。

このとき、八島氏は自己破産をするつもりでいた。資産をすべて投じてしまって、すでに無一文であるにもかかわらず、業者への未払い金を個人補償しており、もし業者から即時の返済要望があれば、自己破産をするしかない。

辛い。もう、苦しみたくない。裏切るより裏切られる方がましだけど、もう裏切られたくもない。そのために、さっさと白旗を振ってしまおう。

そう話す八島氏に、西元氏はこう告げた。

「頑張ってそうならないようにしなさい」

西元氏がそう話したのは、自己破産をすることのデメリットの大きさが、世間で語られているほど軽いものではないと知っているからだった。これまで何人もの人からこうした問題について相談されてきて、その中で、誰も望まなかっただろう道を辿った人もいた。

西元氏に諭されて、八島氏は思い直した。

「頑張ってみてだめだったらしょうがない。駄目でもともと、頑張ってみよう」

少しだけ前向きになった八島氏に、西元氏はこう提案した。

「八島さんのひととなりを世間に知ってもらうために、出版してみてはどうですか」

破産手続き申請以来、八島氏は世間で流れている『悪徳建築会社社長・八島睦』という実体のない悪評に生活を脅かされていた。

初めて会う人が皆、八島氏のことを悪人だという先入観を持って会いに来る。奥様は、これまで交流のなかった知人から、お茶に誘われるようになった。

「今までで、一番不安だ」

これまで何があっても一切弱音を吐かなかった妻が、初めて弱音を吐いた。

事実を知れば、そうした悪評も薄れるだろうと考えて西元氏は提案したが、八島氏はすぐには首を縦に振れなかった。実態のない悪評に振り回されたくない。このときは、まだそう考えていた。

その考えが大きく揺らいだのは、３月５日、ホーメストの破産申し立てに伴う一回目の債権者集会のときだった。

この債権者集会に、投資オーナーが加盟している被害弁護団の弁護士が出席した。ホーメストからすれば、投資オーナーは債権者ではなく債務者だ。そもそもホーメストが破産したのは、被害弁護団が被害者と触れ回っている投資オーナーたちが建築代金を支払わなかったことが発端だ。それを知っているはずの弁護士が、こう質問した。

「ホーメストは資金を隠していないか？」

八島氏は意味のわからない質問に驚き、そして恐怖した。

インターネット情報に踊らされた人が、八島氏が加害者だと思い込むのは仕方がないことなのかもしれない。けれど、当事者である投資オーナー、そして彼らを弁護している被害弁護団の弁護士が『悪徳建築会社社長・八島睦』というレッテルを貼って、それが事実であるかのように動いている。

被害弁護団の代表はテレビ出演もしている有名な弁護士で、彼の発言は世間に周知されやすいだろうと想像できた。

もしこのまま沈黙を続けて、奥様が、息子が、同じような目に遭ったら。そう想像して、これまで感じたことがないほど大きな恐怖を覚えた。

こんな状況に陥っても八島氏が幸せだと感じていられるのは、家族のおかげだった。ホーメストをスタートしてから多忙を極めていた八島氏は、これまで家族でゆっくり時間を過ごしたことがなかった。破産手続き申請してからこの日に至るまで、夕飯の準備をして、息子を迎えに行った奥様を出迎えて、夜は家族で一緒に眠る生活を送っていた。

「こんなにも息子と一緒にいられる時間は、これからの人生でそうそうない。辛いことはたくさんあったけど、神様が癒しの時間をくれたのかなって」

それの喜びが大きくなればなるほど、失う恐怖も膨れ上がった。

世間から受けている誤解を解きたい。その方法として、西元氏が話していた「出版してみてはどうですか」という言葉を思い出した。

出版をして世間から受けている誤解を解きたい。けれど、何を話していいのか、何を書いていいのかわからない。けれど、このまま何もしなければ、自分の悪評が広まって大切な家族まで失ってしまうかもしれない。

八島氏は考えた末、「ひとまずインタビューを受けて、ライターさんに本の内容を相談してから出版するかどうかを決めたい」と西元氏に相談した。

そして西元氏からＩＡＰ出版の関谷氏の元に話が届き、私のところに話が来た。

このままでは自分だけでなく、家族も安心して暮らすことができない。何としてでも守りたい。この出版の目的はそうした利益の獲得だと、私はこの時初めて知った。それが達成できないのであれば、どれだけ金銭的な利益を得たとしてもこの出版は無意味だと。

彼はまだ、「本当のことを話せばわかってもらえる」と、世間の人たちを信頼していた。

そんな彼を前にして私は、「どれだけ書き尽くしても無駄だ」と、思った。どれだけ本当のことを書いたところで、「本人が言っているだけ」。どれだけ事実を書き尽くしたって、すでに広まっている『悪徳建築会社社長・八島睦』という人物像と、被害者である投資オーナーの憤りの方が信ぴょう性の高い情報として扱われる。

二日間をかけてインタビューし、公開されていない情報と、八島氏がどんな人かをこの目で見た。

スーモの規約を見落として赤字計上した。これは経営者として手痛いミスではあったもの の、ただのミスでしかない。破産手続きという思い切った判断には賛否両論あるだろうけれど、彼の判断が間違っていたと言い切れない。私から見れば、被害者のひとりだとしか思えなかった。匿名で語られている確証のないインターネット情報よりも、目の前で語る八島氏の話の方が、ずっと真実味があった。

「かぼちゃの馬車事件や八島さんについてではなく、この事件を通して見たインターネット情報の悪評についてを書きましょう」

私からそう提案した。

すでに調査をしていた私は、インターネット情報と事実との差の不気味さを感じ取っていて、だから、その不気味さを書くことに意味があると思った。

「その内容なら、僕の経験が誰かの役に立つし、息子が将来インターネットで僕の情報を目にしたときに真実がわかってもらえる。それでお願いします！」

この提案を、ただ頷くだけでなくとても喜んで承諾してくれた。

妻と息子との生活を守りたい。その言葉の意味は、「家族が攻撃されてほしくない」というだけでなく、「親子として絆を失いたくない」という意味も込められていた。

これまでの八島氏を見守ってきてくれた奥様であれば、八島氏がインターネットでどんな風に書かれていても信用しないだろう。本当の八島氏を知っているのだから。

しかし、息子はまだ二歳半だ。これから成長して物心をつけて、インターネットに触れる日もいつか必ず来る。そのときに、インターネット情報を信用して「うちの父親は悪人だ」と思われてしまったら。

「それが不安で仕方がない」

そう話しながら、そうした未来を想像したのだろうか。八島氏の目には薄っすら涙が浮かんでいた。

「わかりました。いただいた情報とインターネット情報を照らし合わせて、それについて書き尽くします」

そう約束して、そうして二日間のインタビューは終わった。

帰り路、八島氏は笑って握手してくれた。私は彼に信頼してもらえたことの喜びと、目標が達成できる本を書かなければならないという使命感と、報道された事件の公開されていない情報を持ち帰った。

帰宅してすぐに手書きの資料をまとめ、他のライターにテープ起こしを依頼し、原稿のための情報調査に取り掛かった。

不謹慎ながら、私はこの状況を楽しんでいた。話題になった事件の公開されていない情報を取得して、自分自身がインタビュー前に取得した情報と今調べる情報でどれだけ差があるのかを見ることができるなんて、初めての経験だったから。

人の悪意というものの恐ろしさを知りながらすっかり忘れていて、舐めてかかっていた。

八島氏は悪評の出所として、『掲示板サイト』と『被害弁護団サイト』を挙げていた。偏見情報が多いこれらのサイトを、私は出会う以前の調査では対象外としていた。だからまず、この2つのサイトを確認しようと思い至った。

『ホーメスト』というシンプルなキーワードでインターネット検索したところ、八島氏が社長を務めたホーメストホームページ跡、同じ名前の別会社のホームページ、ある掲示板サイトのホーメストについて語るページが、検索結果の1ページ目に表示されていた。

先頭の書き込みは2011年3月で、八島氏が社長として就任する以前のものだった。その時点でもなかなか激しい誹謗中傷が書き込まれていたようで、2番から38番の書き込みは削除されていた。「なかなか激しい誹謗中傷」だと判断できたのは、39番の書き込みだ。

ホームストで住宅を購入したユーザーが「ここまでに書かれているコメントは事実無根の誹謗中傷だ」と書き込んでいた。それが本当かどうかはさておき、誹謗中傷だと判断できる罵詈雑言が飛び交っていただろうことは想像に難くない。

読み進めていくと、購入を検討する人、実際にモデルハウスに足を運んだ人、憶測でホームストを批判する人、さまざまなユーザーの書き込みがあった。

憶測が憶測を呼び、出所の怪しい情報でホームストという企業そのものを批判するコメントが増えていき、それに追いやられるように好意的、もしくは有益なコメントは減っていった。事実に基づいた憶測を語って「恐ろしい」という書き込みもあった。

さらに読み進めていくと、八島氏がホームストの代表取締役社長として就任したことが話題になった。それに関して、ポジティブな書き込みはなかった。

八島氏のメディア出演を「無駄金使い」と批判する意見も多かった。インターネットを通して簡単に情報収集できるようになった現代、「顔が見える社長の方が安心できる」という消費者は多く、インターネットマーケティングに成功した人の多くは「顔は出した方が良い」と話す。そうした宣伝事情や、宣伝の重要性を知らない人にとっては、メディア出演のための資金は無駄金なのかもしれない。

かぼちゃの馬車事件が報道されてからは、「シェアハウス建築を請け負った建築会社」としての責任を問う書き込みが増え、ホーメストが未払い代金の請求訴訟を行なってからは、鬼の首を取ったように糾弾が始まった。

「事件に絡んでいないという証拠がないから、絡んでいるに決まっている」という憶測のもと、ユーザーは持論を展開していた。

「八島氏責任の元で行われたS建設の東京支店事業は数億円の赤字を出した」

この書き込みを読んで、背筋が凍った。

S建設の東京支店事業の赤字は、本社の人間と東京支社の幹部、業者会の幹部しか知らない情報であり、しかも実態のない数字だ。

その情報に基づいて、憶測が繰り広げられていた。

誰が書いたのかわからない。それが実態のない数字だと知っていて書いたのか、知らずに書いたのかもわからない。もし、知らずに書いたのだとしたら「事実だと公表された数字は不正に操作されていた」なんて考えもしていないだろう。誰がそんな陰謀論を想像できるだろうか。憶測を語る書き込みは、恐ろしいまでに公開された情報に基づいていた。

時折、八島氏やホーメストをフォローする書き込みもあった。しかし、こうした書き込みは「関係者の擁護だ」として却下されていた。

掲示板の情報をすべて信じたら、八島氏は、狡賢くて浅はかで目立ちたがりで、利益のためなら誰かに迷惑をかけてもいいと思っている社長、になる。初対面でも、眉を顰めてしまうほどの嫌なやつ、だった。

なかなかひどいことを書かれてはいたものの、予想はついていた。もし、八島氏に会う以前であれば、「適当なこと書く奴がいるもんだ」と受け流せていただろう。

事実を知ってしまった今、受け流すことはできなかった。実際の人と、掲示板サイトの情報が作り上げた人物像。そこには名前程度の共通点しかなかった。めまいがした。

「ホーメストは悪徳建築会社だ」と、個人の危機管理として思う分には自由だし、それを書き込んだって問題はない。問題となるのは、その書き込みを「口コミサイトに書かれていた情報」として受け取ったユーザーが実生活にて活用してしまうことだ。

この掲示板サイトは『住宅の購入を検討している人のための口コミサイト』と銘打たれていた。

口コミといえば聞こえはいいが、結局のところ書きたいことを書きたいだけ書き込めるネット掲示板だ。多くのインターネットユーザーは誹謗中傷の飛び交う「2ちゃんねる」

のような匿名掲示板を嫌う。書いてあることが本当か嘘かという以前に、スラム街のようなところに足を踏み入れたくないという意見がほとんどだ。

しかし、こうした掲示板サイトは「消費者の生の情報が得られる」と好意的に解釈するユーザーも少なくない。

住宅は一生を左右する買い物だ。だからユーザーは慎重になり、できる限りの情報を集めようとする。そして、信ぴょう性が不確かな情報まで集めようとしてしまう。そうした人らの性質は、ホーメストに恨みを持つ人にとってとても有益なものだ。それらしいことを書けば、クレームではなく情報としてそれを受け取ってくれるのだから。

無実を証明できなければ有罪になり、有罪は証明できなくても有罪になる。疑わしきは罰せずとかそういうレベルではなく、「気に喰わない奴は罰する」だった。

ここでいう「気に喰わない奴」とは、意見が合わない奴、理解できない奴のことだ。八島氏やホーメストのスタッフだけでなく、自分の書き込んだ情報に異を唱える人間も含む。

経験した人であればわかるだろうけれど、「気に喰わない奴は罰する」思考に陥ってしまった人とは、会話が成立しない。何を言っても理解してもらえることはなく、反論できなくなれば人格否定に走る。目の前でこうした会話が繰り広げられていたら、どちらがパニックに陥っているかわかるだろうけれど、テキストは常に冷静で、どんなに醜い情報も包み込んで隠してしまう。

だから、誰にもそれを見抜くことはできない。だから、それが情報になる。これがネットリンチに繋がっている。それは間違いない。それを確信して、サイトを閉じた。


そして次に、投資オーナーが加入しているという被害弁護団のサイトをチェックした。

『かぼちゃの馬車事件　被害弁護団』

そう検索して、最上位表示されたので、すぐに見つかった。

当事者である投資オーナーと、その人たちから話を聞いた弁護士の話で構成されているだろうこのサイト。性質からして、主観を書くことはできても大きな嘘は書けないだろう。

実際に、サイト名は「スルガ銀行・スマートデイズ被害弁護団」となっており、ホームストの名前は冠されていない。関与していないから書けない。嘘はついていない、ということだ。

投資オーナーが怒り狂っている文章が書かれているだろうけれど、それを読んで八島氏を悪人だと思えるだろうか。私だったら「怒り狂った勢いで書いているなぁ」と思うだろう。恐らく、ほとんどの人がそうではないだろうか。

八島氏を悪人だと第三者に確信させるほどの書き方とは、いったいどんなものだろう。そんなことを考えながらサイトを開いて、一読して、「これがまかりとおるのか」とめまいがした。

被害弁護団サイトでは、トップページにホーメストの会社ホームページに遷移するリンクが貼られている。そしてその傍らに、こうした紹介文が掲載されていた。

「不当にも、被害者に訴訟を起こしてきた会社」

この一文は、世間で問題視されているネット社会問題が集約されている非常に優秀な例文だ。

まず「被害者に」という情報は、投資オーナーが自称しているだけで事実ではない。かぼちゃの馬車事件はそもそも刑事事件ではなく、「かぼちゃの馬車問題」だ。詐欺事件でも詐欺未遂事件でもない。

詐欺罪は、加害者が被害者をあざむき、被害者が騙され、財産を取られたり失ったりしてしまったときに、「欺き・騙され・取られる」という3つの要素に因果関係があることが構成要件となっている。この構成要件が満たされなければ詐欺罪として立件されない。

「取られる」がない場合は詐欺未遂罪となるようだけれど、今回は投資オーナーが「取られた」と思い込んでいるだけで、実際には「失った」だけの、ただの投資失敗、だ。

「最初に約束されていたサブリース賃料が払われなかった」という事実と、「キックバックは賄賂だ」という憶測情報から詐欺事件のように世間で扱われているが、1つの事業が破綻しただけの話でしかなく、立件されることはこれから先もないだろう。

「返済不能な額の融資を通されてしまったことで借金地獄に陥ってしまった」ことを被害だと考えている投資オーナーもいるようだ。実際にこうした事由を掲げてスルガ銀行を訴えた投資オーナーがいたという報道が、インターネットに残っていた。スルガ銀行は「偽造された書類を渡されたこちらの方が被害者だ」というような主張をしていた。

「かぼちゃの馬車問題」は、私文書偽造に言及して初めて「かぼちゃの馬車事件」になるが、その場合でも投資オーナーは被害者にはならない。私文書偽造をしていないなら無関係で何も変わらず、私文書偽造をしていたら加害者になる。

こうした実態があるにも関わらずかぼちゃの馬車事件が詐欺事件のように取り扱われているのは、そう取り扱うことによって自分自身が救済されようとしている人がいて、金銭的リターンを得られるメディアがあるからだ。

『かぼちゃの馬車問題』というよりも『かぼちゃの馬車事件』という名前の方が、センセーショナルでトレンディで、退屈な人の野次馬根性を刺激してくれる。この問題は、そうした思惑を持つ人によって客寄せパンダに仕立てられただけであって、事件ではない。

少し話が脱線したので、元に戻そう。

「不当にも、被害者に訴訟を起こしてきた会社」

この一文が「世間で問題視されているネット社会問題が集約されている非常に優秀な例文」という理由は、それだけではない。

「訴訟を起こしてきた会社」だけが事実で、「不当にも」は根拠のない憶測だ。

もし「不当にも」に対して「何が不当なのか」という解説があれば話は変わった。

しかし、「不当にも」という修飾語を添えてホーメストを紹介しているだけで、それ以外には何も書かれていない。そんな実態のない一文を、会社ホームページのリンクと並べて記載している。

これはネットリンチの誘導だ。

「さあ、攻撃してやれ！」と言わんばかりにわかりやすく恐ろしく誘導しているにも関わらず、「不当にも」という言葉にも、会社ホームページのリンクの設置にも、一切の違法性がない。そう読み取ってしまった人がネットリンチをすれば、そう読み取ってしまった人の責任だと主張できる。

弁護士の仕事は事件を解決することではなく、依頼主を「弁護する」ことだ。依頼主が満足するように、依頼主にとっての敵を法に触れないレベルで攻撃して、世論のふりをした風評を作り上げるのも仕事のうち。被害弁護団はホーメストに対して、そういう策を講じてきた。

ホーメストは建築を請け負っていただけだ。倒産事件に至るまでに経営者としてのミスはあったが、スマートデイズやスルガ銀行が行なっていた不正には一切関与していない。その他の案件と同じように契約を取り交わしていたので、その他の案件と同じように未払金の取り立て請求訴訟を行なった。未払金の支払いを要求する訴訟は法律で認められており、条件がそろっているからこそ裁判所がそれを受理して提訴に至った。不当な行為は行なっていない。

どんな理屈を並べ立ててもホーメストの支払い請求訴訟は正当であり、不当な行為を行なっていたにホーメストを「不当にも」と言い触らすのは不当だ。もし、法的に問題のない契約を締結して健全なビジネスを営むことが犯罪に加担したと判断されたら、社会はいよいよ機能しなくなるだろう。

かぼちゃの馬車事件で被害を受けて、まだ問題を引きずっている人はいる。ひとりでも多く救済される結末になってほしいと、私も思う。

そういう被害者からお金をもらって弁護するのが、弁護士の仕事だ。

彼らの仕事は事件を解決することではない。「依頼主が満足する結果を出すこと」だ。実際に、正攻法で戦って負ける弁護士よりも、不当ではないと世間にはわからない程度の不当なことをして勝つ弁護士を「優秀」だとする依頼主がほとんどだろう。

だからネットリンチを誘発して、世間に『悪徳建築会社社長・八島睦』像を植え付けて、世間を味方につける。そうすれば裁判で勝てなかったとしても、依頼主の溜飲が下がって満足する結果になる。

けれど、誰もそんな事実を知らない。それらを安易に信じてしまった人からの糾弾が始まり、それが、聖戦のふりをした私刑になっていく。

投資オーナーから報酬をもらい、建築会社から搾り取った不幸シロップを還元して利益を得る。こんなところで『不幸シロップビジネス』が営まれているなんて、私はこれまで知らなかった。

投資オーナーからすれば、ホーメストからの提訴は二次被害に受け取れただろう。ホーメストからすれば投資オーナーと対立したことが二次被害だ。

そして投資オーナーにとってもホーメストにとっても、一次被害の加害者はスマートデイズだ。同じ相手に迷惑を掛けられた者同士、対立することなく問題解決に勤しむことができれば、もっと違う結果になったのではないだろうか。私はとても、悲しくなった。

ここまで調査して、分析して。八島氏の話していた『悪徳建築会社社長・八島睦』像について、理解できた。

ただ、納得はしていなかった。掲示板サイトにしても、被害弁護団サイトにしても、情報を深掘りして調査しようという意思を持つ人でなければここまで調べないだろうから。インターネット情報の浅い部分に、ここで築かれた八島氏の人物像を用いている情報があるはずだ。

私はふと、『詐欺的スキーム』という言葉を思い出した。

トレンドキーワードである「ホーメスト　倒産」で最上位表示された、インターネットの浅い部分にあるオウンドメディアの記事。ここから情報を取得している人は多いはずだ。

もう一度『ホーメスト　倒産』で検索をして、「ホーメスト破産から学ぶ、一社専属下請の危険性とは？」というタイトルの記事にアクセスした。

以前は知らなかった情報を携えて、改めてこの記事を読んだ。最初に読んだときは、私は流し読みした。憶測情報である可能性がゼロではない記事をじっくり読む気になれなかったから。

そしてじっくり読んで、読めば読むほど、この記事が何を言いたいのかわからなくなっていった。

ホーメストは倒産した。支払いをしない投資オーナーを提訴した。キックバックがあった。ここに書かれていることは、こうした公開された情報に基づいて立てられた「スマートデイズにキックバックを支払うと契約のもと専属下請けとなり、リスクヘッジをしていなかったがために倒産した」という真相のふりをしたただの憶測だった。

まず、このタイトルそのものが、完全に憶測だ。ホーメストは、八島氏が代表取締役に着任してから、1件も下請案件を引き受けていない。公開された情報から「専属下請になって失敗したのだろうな」と想像して立てたシナリオを事実として書き、それを前提とした有識者のコメントを掲載している。まさか、こんな出だしから憶測だなんて思わなかった。

このタイトルが『ホーメスト　倒産』で検索をした際の最上位表示となっているため、このページを開かなかった人でも「専属下請けになったから倒産したんだ」という情報を持ち帰ることになる。

最近は、検索結果を見るだけで「情報を得た」と満足してしまう人も多い。そんな中でこの記事は、何人に根も葉もない悪評を流布したのだろうか。

だからといって、この記事を読めば事実がわかるという訳ではない。読めば読むほど、ホーメストのイメージが悪くなっていく内容になっている。

「スマートデイズ社長とホーメスト社長、2人の関係性は」

この見出しのついた段落では、「シェアハウスの業界筋」が語ってくれた彼らの関係が綴られている。

「(ホーメストがシェアハウスを展開するようになった経緯を)スマートデイズ・大地則幸前社長、ホーメスト・八島睦社長。2人の人間関係によるものだと推察する」

「八島氏はホーメストの前身となる会社に就職した後、S建設東京支社長を務めていた。このとき、どこかで大地氏との接点が生まれたのだろうという観測が生まれた」

「シェアハウスのノウハウは、実はS建設のときにで学んだものではないだろうか」

推察、観測、実はこうではないだろうか。すべて想像でしかない。そもそも「シェアハウスの業界筋」ってどこの誰だ。

それに続く、「24歳という若さで営業課長に昇進した。貪欲に飛び込み営業をこなした結果だと言われている」という発言も、シェアハウス業界筋の発言なのだろうか。「言われている」がどこに掛かっているのかがわからず、ライターの言葉なのかシェアハウス業界筋の言葉なのかわからない。

ただひとつ言えることは、大手ハウスメーカーであるHハウスに入社して営業職に就いてから、八島氏が部下を持たなかったのは1年目だけ。それ以降は後輩のサポートをしながら、既存顧客の挨拶回りに努めていた。「後輩を育てて、既存顧客を大事にすること」。八島氏は自らが成績を上げてきた考えを、そう語った。そうして結果を出して、異例のスピード出世を果たしたそうだ。

シェアハウス業界筋が語る情報と、当事者どころか本人である八島氏本人が語る情報。間違いなく、後者の方が事実に基づいているだろう。

そうした憶測情報だらけである上に、この記事は、ミスリードしやすい記事構成になっている。

その理由として1つ、改行ルールが統一されていないということが挙げられる。

当事者や有識者のコメントとライターの地の文が改行なしで続いて1つの文章になっていたり、逆にコメントの途中で改行されてコメントがライターの地の文のように見えたり、じっくり読まないと「記事のどの部分がライターの地の文で、どれがライター以外のコメントなのか」がわからない状態になっている。

そして読者は、当事者や有識者が話している「個人的見解」もひっくるめて、「事実に基づいた情報」だと思い込んで、信用してしまう。

そうした状態で、このような投資オーナーの主張が掲載されていた。

「シェアハウスオーナーは、かぼちゃの馬車の販売価格は適正価格を逸脱した工事請負契約であり、『詐欺取消』と主張、スマートデイズの『詐欺的スキーム』にホーメストも加担したとして、同社への損害賠償も辞さない構えだった」

「詐欺的スキームに加担した」と、投資オーナーが思っているだけ。

「損害賠償を辞さない構えでいる」だけで、実際には詐欺事件として立件できず、民事訴訟にすらなっていない。それが事実だ。

けれど、この記事を一見しただけではわからない。発言者が投資オーナーなのかライターなのか、詐欺なのか詐欺的なのか詐欺ではないのか。

「どれが誰の発言で、どこからがライターの地の文か？」と考えて、記事を分解しながら読んでいくと、有識者のコメントに違和感を覚えた。

有識者は「専属下請け化してしまうことは企業にとってリスクだ」と語っているだけで、「ホーメストが専属下請け化したから倒産した」とは書いていない。

「ホーメストが倒産した理由は専属下請け化したからだ」というテーマの記事に掲載されているので、有識者のコメントは「ホーメストを非難している」ように受け取れる。実際には、この有識者がどのようなスタンスで語っていたのかも、ライターがどういう意図で書いたのかもわからない。

この情報の不確実性を示すことなく、「一社専属下請になる危険性はもっと周知されてもいいだろう」と、ライターは記事を締めくくった。

この記事が述べたいことが「一社専属下請の危険性」だとすれば、そもそも詐欺的スキームは関係ないし、そもそもホーメストは下請案件を1件も引き受けていないので、取り上げるネタが間違っている。詐欺的スキームを指摘したいのか、一社専属下請の危険性を指摘したいのか、ホーメストの悪評を広めたいのか、もう何が何だかわからない。突っ込みどころが多すぎて、頭が痛くなってきた。

インターネットメディア掲載用の記事の多くは『テーマとなるキーワード』と『最低文字数』が決められている。この最低文字数はシステマティックにはじき出された数値である場合がほとんどで、あまり書くことがないテーマで多くの文字数を要求されることもある。だから、途中で書くことがなくなってテーマから脱線した話題が繰り広げられる記事は少なくない。私もそういう事態に陥り、必死に連想ゲームをして書くこともある。

けれど、ここまで話題に一貫性がなく憶測で適当なことを書いているメディア掲載記事は、初めて見た。記事タイトルから憶測だなんてことが有り得るとは、思いもしなかった。

この記事は「失敗を活かす」というカテゴリーが割り振られていて、もしかして「自らの失敗を活かしてライターに成長してほしい」ということなのだろうか。

流布されているかぼちゃの馬車事件情報を一見すれば、騙された投資オーナーは弱者で、ホーメストは暴利を貪った強者だ。弱者が食い物になるのが常のこの世界で、出だしからホーメストのイメージは悪い。実際には被害者と被害者なのだけれど、一見では、そんなことわかるはずがない。

そして、真相はいかにと思って検索をしてみれば、「詐欺的スキームに加担」という言葉と出会う。

「やっぱり！」と思うだろう。ミスリードしてしまっていることも気付かず。

「ミスリードしてしまうユーザーが悪い」という意見もあるだろうけれど、インターネットメディアに掲載する記事は、アクセス数稼ぎのために『低関心層』という「あまり興味を持っていない人」に向けて書かれている。だからできるだけ誤解されないように書かなければならないし、炎上目的であれば誤解されるように書かなければならない。

「少し興味があるだけ」のユーザーは「ざっと」流し読みしかしない。

だって、ユーザーが知りたいのは事実じゃない。

ゴシップとして取り扱える娯楽が、おいしい『電子スイーツ』が食べたいだけなのだから。

ミスリード、揚げ足取り、曲解。文章なんて、どんなに心を込めて書き尽くしたってすべての人にすべてのことが伝わることなんてほとんどない。読んだ人それぞれが自分自身の現状と照らし合わせて解釈する。どれだけ言葉を尽くしても、同じ気持ちであったとしても、思った通りに伝わらないことばかりだ。だから、できるだけ誤解されないように書かなければならない。特に、人に対する記事を書くときは。

プロのライターだったら、それぐらいは配慮しないといけない……と思って私は書いているけれど、こうしたライターを責めてばかりはいられない現状も知っている。

ホルダーが出すコンテンツ制作指示が「過去の数値に基づいて検索エンジンに読ませるため」でしかないこと、超低賃金でライティング業務を引き受ける素人ライターの影響で記事に支払われる報酬の相場が低下していること、インターネットメディアの普及で雑誌や新聞などの有料メディアが売れなくなって仕事が手薄になったライターが素人と同程度の報酬で量産記事仕事を引き受けなければライターを続けていけないということ。

不幸シロップビジネスの存在が、ライターとして働く人の首を絞めている。

こんな四面楚歌の状態で、正気でいられる人の方が少ない。私がこうして毅然とした態度でライター業を営めているのは、こうした業界の事情をわかっていながらそれに刃向かう前提で参入したからだ。

この記事を掲載しているメディアは、コンテンツビジネスを営んでいる。それがわかったのは、会社概要にリンクは貼られていた運用会社のコーポレートサイトに「ふたつの事業を営んでおり、うち1つがメディア事業」と書かれていたからだ。

1つが、施工管理技士の転職に特化した求人メディア。このメディアにSEOをかけて上位表示されるようになれば、人材紹介費用が獲得しやすくなる。恐らく、メインの事業はこちらだろう。

そしてこの記事が掲載されていたメディアを運用すれば、上記求人メディアのSEO効果、スポンサーから広告費用、2つの利益を獲得することができる。

「スポンサーからの広告費用をもらうため」とわかったのは、「広告掲載について」というページがあったからだ。

ここにも、面白いことが書かれていた。

「全国版の大手建築業界新聞よりも多くの人に読まれています」

これは、当たり前のことだ。いつでもどこでも業界関係者でなくとも無料でアクセスできるのだから、有料の新聞より読まれるに決まっている。

そして、次にこう書かれていた。

「Facebookのエンゲージメントは、建設メディアナンバー1」

『エンゲージメント』とは、広告やビジネスページへの投稿に対して、「ユーザーがどれだけ興味を持ったか」を数値化したものだ。

「建設メディア」というカテゴリーの中で、SNSの1つである「Facebook」の「エンゲージメント」という1つの数値が、どうやって何と比較したのかわからないけれど「ナンバー1」と書かれているだけで、どれだけのエンゲージメントを稼いでどれだけの結果を出しているのかは書かれていない。

ライターとして独立してから、インターネットマーケティング周りのことはライティング以外も勉強してきた。すべてを知り尽くしているわけではないけれど、「エンゲージメントを稼ぐだけで結果が出せる」という話は、これまで聞いたことがない。広告の指標とする数値の1つとしてエンゲージメントがあるだけだと聞いている。

エンゲージメントの数値を稼ぐだけであれば、そんなに難しくない。費用をかけてFacebook広告を出稿すれば、すぐにそれなりの数値が稼げる。Facebook広告はユーザーのステータスを絞ってピンポイントで出稿できるため、広告に関心を持つユーザーをつかみやすい。そして一度獲得したエンゲージメントはなくならないので、たった一度でも数値を獲得できれば「獲得しました」と公言できる。

そのうえ、Ｆａｃｅｂｏｏｋ内でどれだけ数値を稼いでもＧｏｏｇｌｅの検索結果に影響しにくいという事実がある。ビジネスマン向けに構築されているＦａｃｅｂｏｏｋは炎上防止にあらゆる策を講じており、Ｆａｃｅｂｏｏｋの投稿がどれだけ人気になっても、検索結果には反映されない。余談だけれど、Ｆａｃｅｂｏｏｋのその他の炎上防止対策として、氏名でＧｏｏｇｌｅ検索をされてもアカウントがヒットしないように設定できること、記事を投稿したユーザーの意思で削除できることなどが挙げられる。

Ｆａｃｅｂｏｏｋの投稿からメディアに遷移するＵＲＬをクリックしてページが表示された時点で、検索エンジンの結果を左右する『アクセス数』としてカウントされる。そこからメディア内でのユーザーの動きはすべてメディアの数値となり、Ｇｏｏｇｌｅに評価される。しかし、エンゲージメントは「ユーザーが『Ｆａｃｅｂｏｏｋの投稿』に対してどれだけ興味があるか」を数値化したものであり、必ずメディアにアクセスしているとは限らない。

そうしたがらんどうな文に続いて、このような文が掲載されている。

「建設メディアに広告を出稿しても誰にも読まれずに掲載終了するものが多く、『結局、誰にも広告を読んでもらえない』という課題がありました。『出稿した広告を見るのは広告を出した本人だけ』『記事を読んでいるのは取材された本人だけ』という冗談があるほど、建設メディアへの広告出稿の理由が『お付き合い』という方も多くいらっしゃいます」

流し読みすると業界の課題をクリアしたすばらしい広告媒体のように読み取れるが、よく読むと業界人同士の小話を掲載しているだけで、「この課題をクリアしていました」とも書いていない。

効果のない広告メディアが存在していること、Ｆａｃｅｂｏｏｋでエンゲージメントを獲得していること、大手業界新聞よりも読まれていること。これらを並べて、「これまでのメディアよりも高い広告効果が出せる」というミスリードを誘っているだけだ。

けれど、何かを言われても「どこにもそんなことは書いていない」と返せる。サプリメント紹介記事に小さく書かれている「効果には個人差があります」と同じようなものだ。

よく読めばわかる。知識があれば、疑うべき文脈がどこにあるのかもわかる。なのに、他に判断基準を持たない広告主は、提示された数値と取得した情報に依存して価値を判断するしかない。だからホルダーは「広告主が広告を出稿したくなるような数値を稼ぐためのコンテンツ制作指示」を出す。

多くのホルダーはコンテンツ制作に関して素人だ。ビッグデータや過去の売上といった数値に基づいて「数値の出せるコンテンツを作れ」とプレイヤーに制作指示を出す。考えられないほどの低賃金で。

インターネットコンテンツの価値の1つは「ユーザーが無料でコンテンツを利用できる」ということだ。新聞紙や雑誌の場合、有料でコンテンツを購入しなければならない。しかし、テレビもネットも、基本的にコンテンツは無料だ。先に無料で配布して数値を作り、利益が出るのはそれからだ。だから、コンテンツ制作にコストは掛けられない。

ここで例として挙げているメディアには「取材ライター募集」のページがあり、「記事一本に対して1〜3万円の報酬」と書かれている。取材にまで行って1万円だとしたら、安過ぎる。現場に移動して取材をしてそれを書き起こして記事としてまとめて、そこまでしていたら1日以上はかかるだろう。それで1万円だったら、安過ぎる。業界用語を理解して、ある程度の専門知識がないと書けないカテゴリーの記事で、しかも要取材。3万円でも、私ならやらない。

不幸シロップビジネスに利用されているコンテンツは、基本的に「テキストコンテンツ」だ。なぜなら、検索エンジンが内容を理解して評価できるコンテンツは、テキストだけだから。

検索エンジンはただのシステムでしかなく、どんなすばらしい創作物にも心を揺さぶられることはない。ユーザーの反応を数値化したデータ、メディアに掲載されているテキスト情報を読み取って評価することしかできない。

プラス評価だけでなくマイナス評価もある。テキストが他のサイトからコピーされたものではないか、あからさまに誹謗中傷テキストが書かれていないかなど、開発者が「この結果をはじき出したコンテンツはＮＧだ」と設定した数値を出したコンテンツを掲載しているメディアにマイナス評価を下す。

そうしてホルダーは、「量産できて、ＮＧ評価を受けず、過去のデータに基づいて数値が出せるだろうコンテンツ」を「低コストで制作してくれる素人」に依頼するようになった。

こうした人らはプロのライターではないため、ただ雇い主の指示に従ってアルバイトをする。低賃金のアルバイトをしていて「意識を高く持とう」「問題を改善しよう」と考える人の方が少ない。黙って言うなりになっていた方が、穏便に平和にお金を稼ぐことができる。

目下、お金が欲しい。あと数万円あれば家計が回る。けれど外に働きに出られない。そして今の苦しい家計状況を乗り越えればこれを生業にするつもりはない。誰にも気を遣わず、自分の空き時間に仕事をして、収入を得たい。そういう人にとっては、低単価であったとしても、この仕事は良い仕事だ。内職よりもずっと簡単に稼げる。

この人らにとって重要なことは、たくさんの文字を納品して少しでも多くの報酬を得ることだ。どうせホルダーも記事の品質なんて気にしちゃいない。生活の足しにするために、とにかく量産して入稿する。そうすれば、何の知識も経験もなくとも、それなりに正しい日本語文章が書ければパソコンとネット回線だけで家にいながらにして2万円程度なら簡単に稼げる。驚くことに、まともな日本語文章が書けていなくてもいいというホルダーも一定数いる。「検索エンジンのための文字数稼ぎだから、何でもいい」という理由で。

そしてお小遣い程度の報酬でコンテンツ制作の業務を請け負う素人が増加し、テキストコンテンツに支払われる報酬額が最低額まで下がり、技術と志しを持つライターの価値が損なわれた。

粗悪なものでも構わない。とにかくコンテンツを作れ。どうせ検索エンジンが読むだけだ。だから金はほとんど払わないが、好きな仕事ができるだけありがたいと思え。

これが不幸シロップビジネスを営むホルダーの思考だ。例に挙げているメディアの取材ライター募集欄には、こう書かれている。

「最初から原稿を書くのが面倒な方は、とりあえず書ける原稿のタイトル案だけの応募でも構いません」

「編集部が手直しするので、きれいな文章を心掛ける必要はありません」

意識が低くてもいい、粗悪なものでもいい、とりあえず送れ、ということだ。

それを受け取って褒めそやしてやれば、低賃金でも働くライターがいると、ホルダーは知っている。

そうしたコンテンツビジネスの現状を前にして、意に沿わない記事をホルダーの指示に従って書くライターは、少なくない。書かなければ生活できなくなる。違法でも何でもない記事を書いたら日銭が稼げる。信念も志しも置き去りにして、憧れて志した「ライター」という職業を辞めないために、目下の生活のために。

そうしてインターネットメディアが情報コンテンツを無料で大量に配信した結果、有料メディアが売れなくなった。これまでそちらの界隈で活躍してきた雑誌ライターやコピーライターも、こうした記事業務を引き受けるようになった。

そんな中で、誌面ライターとネットライターが対立しているという話もたまに耳にする。インターネットメディア向けSEOライティングは、日本語として美しくはない。なぜなら、一番の読者は人ではなく検索エンジンで、次点はマーケティング用語でいうところの『低関心層』という最も母数が多く記事に興味がない人に向けた記事を書くためのライティング術だから。難しい漢字や専門用語を使わずとにかく噛み砕いて書いた記事の中に、上位表示されたいキーワードを仕込んでいく。そうしてできあがる記事は稚拙に見えるものので、だから、インターネットメディア専門のライターは「文章力が低い」と言われることがある。

対してインターネットメディアで活躍しているライターの中には、「誌面ライターはわかりにくい文章ばっかり書くから使えない」と話す人もいる。キーワードを含まないキャッチーな見出しと専門用語を使って書かれた記事はとてもよくできているけれど、SEO効果は非常に低い。どれだけ読み良くよも、読者がたどり着けない可能性の方が高くなる。だから、「使えない」と言われることがある。

どちらの言い分もわかる。そして、どちらについても学べばいいだけの話だ。けれど、低賃金という事実にやる気を奪われて、そこまで思い至る人はあまりいない。

そうして互いに相容れないまま多くのライターがＳＥＯ記事を書くようになり、知らず知らずのうちに『人』ではなく『検索エンジン』に向けた記事が量産するようになった。

ライティング術がどうこうではなく、ネットと誌面では記事の性質は大きく異なる。たとえば、「ホーメストが一社専属下請けになって倒産した」という記事は、誌面に掲載される分には問題なかっただろう。有料のメディアには、拡散力がないから。

誰でも読めるネットコラムにしてしまったことで多くの低関心層に読まれることとなり、『悪徳建築会社社長・八島睦』像が築き上げられた。

つまり、作る人や配る人ではなく、『食べる人』によって、不幸シロップが搾り取られてしまったということになる。恐ろしいことに、誰も八島氏を貶めようだなんて思っていない。無意識のうちにそれが事実だと思い込んでしまっただけで。

経緯がどうであれ、悪人と認定された人は生活の安全を脅かされる。築き上げられた実態のないイメージが、ただ平穏に過ごしたいという願いを蹂躙する。

インターネットの世界は、油断するとすぐに体がべたべたになってしまうぐらいに不幸シロップまみれだ。私はこの現状を憂いていて、だから独立した。そういう指示を出すホルダーに刃向かって刃向かって刃向かいまくって、もらった指示はできる限り誤解がないように理解できるまで調べ上げて、どうしてもわからないことは聞いて、それでもわからないときは書かないように記事を構成して。

その結果、良い仕事人に囲まれて仕事ができるようになり、インターネットの世界も少しはましになったと思っていたのに、「まだまだ何もできていない」と、自らの無力さを悔やむほどだった。

けれど、この問題はインターネットの問題ではなかっと、4月に発売されたある書籍を読んで知ることとなった。

その書籍は、法律に関する書籍を数冊出版している弁護士法人監修のもと、「業界の健全化に向けて活動しており、あくまで公平・中立な立場から各方面に提言を行なっている」というある一般社団法人代表理事である著者の、かぼちゃの馬車に投資して借金地獄に陥った人に向けての本だった。

発売されて、すぐに購入した。誤解されるようなことを書かないために、事実を把握するために、同じ話題について書かれている本は読まなければならない。書く人間として、それは当たり前のことだと思っていた。

ページをめくるとき、緊張した。

私は、この本に書かれてある事件と同じ事件に関する問題を論じようとしている。あまりにも賢く立派な本だったら私が何を書いたって意味がないんじゃないか、自分の稚拙さを露呈する羽目になるのではないかと、恐々たる思いだった。

読み終わったとき、恐れていた恐ろしさとは別の恐ろしさで震え上がった。憶測だらけ、なんてものではなかった。

『かぼちゃの馬車事件に学ぶ』というサブタイトルを掲げておきながら、かぼちゃの馬車のビジネススキームすら理解しておらず、調べずとも書ける自分の知識を挙げているだけの内容だった。しかも投資オーナーを馬鹿にして、無関係な業者の悪評を「不動産投資業界をよく知っている人間」として書き記しているようにしか読み取れなかった。

ここで一度、『かぼちゃの馬車事業が破綻した理由』について振り返ろう。

「退去までの期間を短く区切って回転率を上げ、職業斡旋の紹介料で儲けを出す」ことを前提としていたかぼちゃの馬車は、一時の入居者数が多くてもすぐに空き部屋が増えてしまう。その補填のために、入居者をモニターとして紹介する代わりに紹介料を企業からもらうモニタービジネスやオリジナル家電の通販といった『入居者プラットフォーム』を活かしたビジネスを展開して『家賃外収入を得る』という事業計画があり、「家賃ゼロ円、空室有でも儲かる不動産融資」として宣伝されていた。

２０１６年時点で、提携企業はおよそ１万５０００社、夢を追いかけて地方から東京に移住する２０代女性は毎年およそ１４万人。

「移住してくる女性にとってかぼちゃの馬車以上に魅力的な物件はなく、提携企業は入居者の『数』を求めており、需要と供給が成立している。だから建てれば建てるほど収益が上がる仕組みで、空室があっても投資オーナーにサブリース賃料を支払える」

そういう説明を受けて投資オーナーは購入を決意し、かぼちゃの馬車は異常なペースで建築された。ホームメストが建築を引き受けた２０１７年から、毎月５０棟ものペースで建築されていたそうだ。

1棟の収容人数が15人程度だとして、毎月750人分の空き部屋が増えていくことになる。1年間で9000人分、2年間で18000人分、3年間で27000人分。

建築する土地がなくなってきて、最初は東京23区内の駅徒歩圏内に限定されていた立地条件を、東京都内の駅徒歩圏内に拡大した。そして、家賃外収入が定期的に入るようになる前に空室が埋まらなくなってしまい、収益がなくなった。

結果、世間からキックバックだと呼ばれている業務委託費にサブリース賃料の支払いを依存するようになり、「建てれば建てるほど儲かる」から「建てなければ事業が破綻する」という状況に陥り、さらにハイペースでシェアハウスを建築し、埋まらない空室が増えていった。

サブリース賃料を支払うためにかぼちゃの馬車を販売してその場をしのいでも、その分、建物が完成したときには支払わなければならないサブリース賃料は増額している。借金を返済するために借金をするようなもので、自転車操業どころか火の車だった。

そうした経緯を辿り、かぼちゃの馬車は『かぼちゃの馬車事件』になった。

結果だけを見ると「空室が埋まらなかったから事業が破綻した」ということになる。

その事実に基づいてだろう、この書籍ではこう書かれている。

「かぼちゃの馬車は、空室が埋まらなかったからサブリース賃料が払えずに破綻した」

「2017年時点でも空室だらけでスキームはうまく稼働しておらず、これは隠された秘密でも何でもなく『ググればわかる』事実だった」

「調べもせずにこんな物件を購入した投資オーナーは『美味しいカモ』だ」

よくもまあこんな適当なことが書けたな、と思う。

かぼちゃの馬車は「家賃ゼロ円、空室有でも儲かる不動産融資」と宣伝されていた。

投資オーナーが検索して出てくる空室情報を取得したところで「それでも儲かる新しい投資ビジネス」と紹介されているのだから、見抜けるはずがない。これはググればわかる事実なのだけど、著者はググらなかったのだろうか。

世間では「カーテンスキームと呼ばれる方法でシェアハウスを満室に見せかけていたから投資オーナーは騙された」と噂されているようだけど、カーテンスキームはスルガ銀行の行員に対するアプローチであって、投資オーナーに向けたものではない。

スルガ銀行は「捏造とわかっていても『通せる条件』の融資を通した」。

けれど、「捏造されていない『通せない条件』の融資を通すことはできなかった」。

だから、スマートデイズは行員に対して満室に見せかける必要があった。

投資オーナーは、確かに多額の借金を背負う羽目になってしまった。けれどそれは、美味しいカモだから食われたとか、満室だとか空室だとかいう問題ではない。ごうつくばりが人を食い物にしてでも事業破綻から逃れようとした結果だ。

この書籍にある問題点はこれだけではない。

こうしたかぼちゃの馬車にしか当てはまらない特殊な失敗例を挙げて、「サブリースに依存した不動産投資はすべてうまくいかない」というようなことが書かれていた。

八島氏から話を伺ったところ、スマートデイズからサブリース賃料がもらえなくなった後で、すぐにサブリース業者を切り替えて収益を得ている投資オーナーは何人もいるそうだ。女性に限定しなければ集客は難しくなく、スマートデイズと約束していたほどの賃料ではないにしろ、サブリース業者に運用を一任して収益を得ている、と。

しかし、この本では、このように紹介されている。

「サブリース業者が投資オーナーに対して不利な条件を締結するのは当たり前となっているから、サブリースに依存してはいけない」

そうした悪徳サブリース業者も存在しているのだろうけれど、すべてがすべてそういう訳ではない。それなのに、まるで他のサブリース業者や投資物件すべてが「絵に描いた餅」という論調で批判的に書かれている。

この本だけではなく、かぼちゃの馬車事件を通して「投資問題」についてを論じる書籍には、こうした内容が散見された。

その情報が、シェアハウス事業やサブリース業を健全に営んでいた人らを困らせている。

私は、この本を書き始めてから、「かぼちゃの馬車事件について調べている」と話題を各所で投げ、その反応を伺っていた。

そうしている中で、「かぼちゃの馬車事件のせいで健全に営んできたビジネスが滞るようになった」と憤っている人と出会った。それは、ひとりではなかった。

「シェアハウスビジネスそのものを疑問視する人が増えて売れなくなった」と話したシェアハウス関係の事業を営んでいる人。

「不動産購入の際の融資が、正当なものでも厳しくなった」と話した不動産業界の人。

かぼちゃの馬車事件に巻き込まれていない無関係な人たちが、かぼちゃの馬車事件をきっかけに流布された情報で苦しめられている。

しかし、これについては得ようと思って得られる情報ではない。私が個人的に聞いて周り、たまたま得られた情報だ。著者がこうした意見を知っていなくても仕方がないことかもしれない。

ここまで読んだとき、憤りつつもまだ「私の読み方が悪いのかもしれない」と思っていて、「きっと著者の元にこういう相談に来る人が多いのだろう」と自分に言い聞かせた。「ベストセラー書籍の著者であればもっと調査するだろう」と、根拠のない信頼を寄せていた。

そして、「インターネットに適切な情報はない」という項目まで読み進めた。

私がこの本で論じているような情報の信ぴょう性について書かれているのだろうとページをめくると、このようなことが書かれていた。

「弁護士が解決策をインターネットに公開しているが、これは適切ではない。専門用語なんて象形文字のようだから素人である読者は理解できなくて当たり前なのに、専門用語を使ってしか解説していない。こんな情報は適切ではない」

この文章を読み解くと、「適切な情報はない」のではなく、「適切な情報であったとしても読み手に理解するだけの読解力がない」ということだ。著者は、「読者が情報を理解できない理由」を、「情報の筆者」、つまり弁護士に置いている。

弁護士として活動している人たちは、当然ながら弁護士資格を有している。そのために、労力、時間、資金、ありとあらゆるコストをかけてきただろう。なぜそれをしたかというと、「弁護士としてお金を稼ぐため」だ。情報を無料で欲しがった上に「わかりにくい」とけちをつけてくる人に噛み砕いて説明をしてやるためではない。

お金もないし時間もない、けれど今すぐ不安を解消したい。そういう人にとって、検索してすぐにアクセスできる無料の弁護士豆知識情報はありがたいものだ。どんな専門用語だって、検索に検索を重ねていけば理解できる。私の今の法律知識も、インターネット情報を足掛かりにして書籍を選び、読み、理解を深めたものだ。理解しようとすれば、理解できる。私はこうした情報に何度も助けられた。

そうした情報を「適切ではない」と指摘している。

弁護士の知識情報は『商品』だ。インターネットマーケティング目的で一部無料公開しているだけで。それだけを読んで、「わかりやすく物事を伝えるという発想が欠落している」という指摘は、まったくもって適切ではない。

そもそも、自らの抱える問題を、前例やモデルケースになぞらえただけの解説だけですべて解決しようとしている読み手が適切ではない。もしわからなかったら、専門家に相談すればいいだけの話だ。法テラスに行けば、法律相談から国選弁護士紹介、費用の立て替え相談などをすべて引き受けてくれる。かぼちゃの馬車事件のような大きな問題となれば、事情もすぐに理解してもらえるだろう。

こうした救済策を一切読者に伝えないまま、この本は、こう続けている。

「返済地獄から抜け出すには借りたものは必ず返さなければならないというモラルを疑え」

この項目に書かれたことを要約すると、こういうことだ。

「プロの債務整理弁護士からすると『借りたものは必ず返さなければならない』というモラルは誤解ないし偏見でしかなく、持つ必要のないものだ」

「『手元不如意』という『カネがないので払えないという支払い請求を拒否するための最強の抗弁』と法律を駆使して、返済から逃げろ」

「差し押さえをされたところで、ないものは払えない」

「提訴にはコストが掛かるから、無視し続ければ業者も諦める」

「だから支払わなくていい」

「モラルなんて捨ててしぶとく生き残れ！」

人を馬鹿にするのも大概にしろ、と思った。

2010年に貸金業法が改正され、グレーゾーン金利と呼ばれていた高額な金利が完全に違法となった。国民が借金地獄に陥らないように、陥った国民を救済するために。

一時期、「払い過ぎた借金を取り返しましょう」という過払い金請求を促す弁護士事務所の宣伝が多く流れた時期があった。あれは、グレーゾーン金利が適用されていた借金を新しく施行された法律に則った金利で再計算し、すでに支払った金額と差し引きを行い、過払いと認定された金額の返還を債権者に債務者が、つまりはお金を貸している側に借りている側が請求するということだった。

法律に逆らえる貸金業者はおらず、弁護士は所定の手続きを行うのみで過払い金を回収することができた。取り返した金額の中から何割かをもらうという契約にすれば、消費者は弁護士費用を払わなくていいから、気軽に依頼をしてくれる。貸金業者は憎たらしくて仕方がなかっただろうけれど、弁護士と債務者にとってありがたい話だった。過払い金の時効は、最終の返済日から10年。あのビジネスで荒稼ぎしていた弁護士事務所は、次は何をしているのだろうか。

モラルを持って返済を続けて苦しむ人を救済するために、国が動いた。その裏でどんなやり取りや意図があったのかは知らない。ただ、どうであったとしても、そういう大義名分を掲げて国が動き、助けられた人がいることは紛れもない事実だ。

私がここで書き述べたことの多くは、八島氏に聞かずとも少し調べればわかったことだ。それを知らないだろう論調で自らの知識を展開するための話をつらつらと書き述べて、その中で、投資オーナーのことをこのように書いていた。

「こんな投資案件を信じるなんて馬鹿だ」

「借りられないほどの金をどうして借りたのか」

「そんな鴨が葱と鍋とコンロを背負ってやってきたら食われて当然だ」

大して調べもせずすべてを知った気になって被害者を馬鹿にして不安を煽って苦しめて、そこまでして自分のビジネスを潤したいか。苦しむ人を救済して儲けるために、苦しむ人を増やしてもいいのか。何様だ。

借金そのものではなく、こうした情報に追い詰められて逃げ場を失って苦しんでいる投資オーナーは多い。

もし、世間が彼らの失敗を認めてバッシングすることなく受け入れて、その上で「どう対処していけばいいか」と救済に導く適切な情報があれば、苦しまずに済んだ人はたくさんいたのではないだろうか。

かぼちゃの馬車事件に絡んで、投資オーナーが自殺した事件があった。そこまで思い詰めてしまうのなら、弁護士に相談して債務整理を行えばよかっただろう。もし私文書偽造に手を出していたとしても、必ず刑事罰を受けるとは限らない。私文書偽造が非親告罪である以上、被害者以外でも告訴することは可能ではあるが、誰も告訴しなければ罪として問われることはない。「悪事を働いておきながら他の悪事による被害からの救済を求める」ことは、モラルを捨てるということではない。人として、当たり前のことだ。

近しい人から冷たい目で見られるだけでも苦しいのに、流布される情報で不安を煽られ、世間からバッシングされるようになる。「生きていてはいけないのか」と思うほどに。

モラルを捨てずに生き残る方法を提案することは、できなかったのだろうか。

このまま「金を返さなくてもいいという最低限のモラルを持たないことが当たり前」の社会となって、返さない前提で金を借りる人が増えて、社会が崩壊したとき、著者は後悔しないでいられるだろうか。業界の健全化を目標として掲げるような正義感の強い人が。

私は、後悔している。

自分で自分を底辺ネットライターと名乗ったのは、ＳＥＯ目的でこうした限りなくブラックに近いグレー情報の記事を執筆していたからだ。「住所不定でもお金を借りられる」というような、犯罪ではないにしろ、人の不幸を食い物にする不幸シロップビジネスのための記事を。

住所不定でお金を借りることは犯罪ではない。架空の住所を書いてしまえば犯罪になる可能性があるけれど、短期的に住所を得る方法はいくらでもある。それは合法だ。けれど、もしそれを実行したらどうなるだろう。貸した側は回収不可能に陥る。借りた側は真っ当な人生を歩む心を徹底的に失う。目下の恐怖から逃げられるというメリットしか、この情報には存在していない。

私がパートタイマーとして所属していた企業のホルダーは、最初からこういう指示を出していたわけではなかった。メディアから売れた商品の数だけ報酬がもらえる広告システム『アフィリエイト』を利用して利益を獲得していた。「人の生活の質を向上させるコンテンツづくり」を目標として掲げてメディアを運用していて、パソコンのモニターには、その目標が書かれた付箋が貼られていた。私は、その付箋を見るのが好きだった。

化粧品のレビュー、胃腸のお悩み解消情報のまとめサイト、オンライン英会話の比較。「パートのためにそこまでしなくても」周りから言われるぐらい、ライティング以外のこともコンテンツ作りに協力した。

嬉しかった。人としてのモラルを保ちながら働けることも、能力を評価してもらえることも、男女2人でありながら異性としての交遊なく健全に働けていることも。

ゲームソフトの制作業界にいたとき、私は人として扱われていなかった。どこにいっても、非難の対象だった。

どれだけ仕事を頑張っても、潰されるか盗られるか。うまくいったら「色目を使った」と言われる。不当に扱われることに対して反抗したら、すぐに適当な情報を流布されてそこに居られなくされる。「上の人間がそう言っているからあなたが悪い」として、誰も私の話を聞いてなんてくれない。ひとりだけ、私が不当に解雇された際に、嘆願書まで書いてくれた人がいた。上の人間の不機嫌という壁は強固でその程度では破れず、権力に屈して主従関係に身を置く気にはなれず、二人でめちゃくちゃ泣いて、そのまま別れた。

どれだけ不当な扱いを受けた結果であっても解雇は解雇、辞職は辞職。転職回数の多くなった私の職歴は、前科のように扱われた。ある企業に面接に行った際、出会い頭に面接官に怒鳴られた。「どうして何度も転職しているんだ」と。

それをきっかけに、ゲーム業界に残ることを諦めた。どれだけ優れた企画が出せても、先輩が書いたと勘違いされるような仕様書が書けても、人が驚くほど仕事が早くても、適当に書いたシナリオで人を感動させることができても、私は私という人間の性質をビジネスに乗せられる気がしなかった。

その時代の私を知っていて、この本を読んでいる人もいると思う。そしてその中には、「そんなこと言ってもあいつはこんな嫌な奴で」と語り出す人もいるだろう。そういう人らの話は、主観と、知り得た情報からの憶測と、不都合なことを隠すための言い訳でできている。そんな不確かな情報を流布して悦に浸るしか生きる楽しみがないような人を、私は相手にしたくないし、そういう人を相手にする人とも関わりたくない。言い触らしたければ言い触らせばいいし、信じたければ信じればいい。私の身に起こったことをすべて知っているのは、私しかいない。多分、八島氏もこういう気持ちなのだろうと思う。

こんな半生を歩んできたから、自分の能力を活かして働けることがただ嬉しかった。できる限りのことはしたかった。

おかしくなり始めたのは、一攫千金を狙って単価の高いアフィリエイト案件ばかりを狙うようになってからだ。

それまで「嘘は書かないでください」と言っていたのに、「多少の嘘は書いても大丈夫です」になった日があった。それと同時に受け取った制作記事のタイトルリストを開くと、血の気が引くほどブラックな記事タイトルが並んでいた。

「こんなこと書いていいんですか？」とたずねると、「法に触れていないから大丈夫です。責任は私が取ります」とホルダーは言い切った。

「良質なコンテンツが軌道に乗るまで」ということだったので、私は承諾してしまった。今だけ、今だけ。自分にそう言い聞かせながら仕事をしていたある日、「人の生活を向上させる」という目標が書かれていた付箋がなくなっていることに気付いた。どこを探してもなかった。

どういう気持ちであの紙を捨てたのかわからない。

ただわかったことは、もうあの世界を望めないということだけだった。

それでも、私はすぐに辞めはしなかった。ハラスメントだの性差別だの裁判だの、そうしたものに支配された社会から逃げ切って、ライターの仕事にたまたま出会って、ようやく綺麗な未来を望むことを許された。すぐに正気に戻るはずだと信じて、心を殺して文字打ちマシンに徹した。

そうしているうちにホルダーは、私の記事、人格、存在を否定するようになっていった。自分が言ったことを忘れて私のことを責めたり、服装や些細な仕草まで馬鹿にされたりするようになった。過去の褒め言葉なんて一瞬で嘘に思えた。とても、疲れてしまった。

ライターとして続けていくにしてもその場所から離れる準備を始めようと思い、クラウドソーシングサイトを通して別のホルダーからの仕事を受注するようになった。それらの案件は、単価こそ高くないものの、内容がとても健全で、書いていて心が解放されるような思いだった。

清々しい思いでインターネット検索をかけたとき、インターネット情報の海が真っ黒であることに気付いた。違法なこともおかしなことも書かれていない。これまで見てきたものと同じものなのに、途端に不気味で異臭のするようなものだと思えた。

もし私の書いた情報を取得して借金を申し込んだとしても、審査は通らないと、ホルダーが話していた。そのときは「申し込みをされたら単価を支払ってもらえる」仕組みだったため、「申し込みをしてみよう」と思わせるだけで良かったらしい。だから、私の記事で傷ついた人は、多分ひとりもいない。けれど、インターネット情報の海が真っ黒に汚れていて、それに自分が加担したかもしれないと思うだけで充分に恐ろしかった。すごく好きな世界だったのに、汚してしまった。

ここで泳いでいたくない。汚染してごめんなさい。そんなつもりはなかったんです。

そう叫びたくて書き殴ったブログに付いたコメントに励まされて、独立した。今度は誰にも頼らずひとりで綺麗な未来を望んでやろうと、もし汚してしまったのなら綺麗にしてやろうと心に誓った。

こうした経験があるから、わかる。そんな意図を持たずに発信した情報が何かを狂わせたかもしれないと知ったとき、人は、後悔するか気が狂うかのどちらかに転がる。だから私は、こうした情報を目下の利益のために書き綴ることが良いことだとは思えない。読む人のためだけではなく、書いている人のためにも。

そう信じて今日まで必死にやってきた。誰に何を言われても、どんな扱いを受けても。不幸シロップビジネスを営むホルダーや、権力でこちらをいいように扱おうとする人は徹底的に刃向かった。

「あんなチャンスを捨てるなんて馬鹿だ」

「そんな綺麗事で食っていけるわけない」

数値信仰のビジネスマンの中に、私を理解してくれる人はいなかった。

誠実に書きたい。理想を追いかけたい。それができないのであれば、底辺から這い上がってきた意味も、文章を書いている意味もない。

そう必死になる中で、一緒に理想を追いかけられるような仕事仲間に出会って、今、健全なメディアづくりを目指していける環境に身を置くことができた。

だから、少しずつだけど世界は綺麗になっていっているのだと思ってしまっていた。

何も変わっていなかった。

一部のメディアやライターがそうして頑張ったって、意味がなかった。

だって、この問題はインターネットの問題ではない。インターネットなんていう小さな社会に固執したって、何も変わるはずがなかった。

それからしばらく、気が狂ったようにペンをひたすら走らせた。調べたこと、知っていること、考えていること、そうしたことを、思い付くまま思い付く限り書いた。

今、この社会で、私しか知らないことがある。インターネット検索をしても、書籍を読み漁っても、得られない情報が頭の中にある。それをすべて書き出さなければ気が済まなかった。

インターネットが普及し、情報を能動的に取得する人の母数が激増した。

最初の最初、まだテレビもラジオもなかった時代は、新聞や雑誌を購入して隅々まで読み、不幸シロップを探さなければならなかった。お金も時間も掛けなければ楽しめないその甘味に溺れる人は、一部だけだった。

テレビやラジオが普及して、状況が変わった。最初に媒体さえ購入すれば後は無料で、必死に探さずとも情報を声で伝えてもらえるようになった。そうして、耳に入ってきた不幸シロップを楽しむ人が増えた。

しかし、この時点では、まだ制約があった。情報を取得するためには、報道番組やワイドショーが放送される時間に合わせたり、録音・録画をしたりしなければならなかったりと、「不幸シロップを食べるためのアクション」が必要とされていた。

そして、不幸シロップに脳を支配されても、リンチに至る人は少数だった。インターネットのように気軽に匿名で攻撃できるツールはまだ存在しておらず、脅迫めいた手紙を送ったり、家を突き詰めて付きまとったりしなければならなかった。金も時間も費やさなければならないため、そこに至る人は少数だった。

インターネットによって、すべての制約が取り払われた。

誰でも気軽に持てる価格で販売されているスマートフォンに知りたい情報のキーワードを打ち込んで検索すれば、24時間、いつでも欲しい情報が出てくる。

アクセス数の欲しいメディアがかいつまんで面白い部分を説明してくれるから記事を熟読する時間も要しない。どんなに愚かしいことを書き連ねようとも完成された美しいフォントはすべての情報を賢そうに演出してくれる。攻撃も匿名で、無料でいつでもどこでも誰でも誰に対してでも罵詈雑言を飛ばすことができる。メディアを持っていなくても、口コミ掲示板サイトやSNSを使えば大丈夫。アカウントはいくつでも作れるから、バレそうになったら捨てたらOK。相手が有名人でブログをやっていれば、コメント欄から攻撃することも可能だ。

だから、日々のストレス解消として、気に喰わない奴を攻撃して不幸シロップを搾り取ることが娯楽の1つとなってしまった。

不幸シロップを一度でも口にした人の多くは、もう一度食べたいと願うようになってしまう。その『需要』を満たす『供給』をすることで成立しているビジネスがあって、だから、不幸シロップの甘さを教えるためにそれが人の血だとわからないような電子スイーツに仕立て上げて知らず知らずのうちに食べさせることで利益を上げているビジネスがある。

インタビュー前、私は私が情報を見る目のある賢い人間だと思っていた。不幸シロップビジネスの存在を知っていて、だから注意深く情報を取得するようにしていた。

それなのに、私はたくさんの不幸シロップを呑み込んでいた。

『公開された情報』そのものに潜んでいるそれの存在に気付けず、そこから広がったあからさまな悪意やわかりやすい憶測だけが確証のない情報だと信じてしまっていた。

そんなもの、見抜けるはずがない。だから騙されても仕方がない。誰も私を責めることはできず、私も誰かを責めることができない。たとえ、この情報を食べてしまった結果、誰がどうなろうとも。

「見抜けるはずがない情報が存在している」という事実を私は以前より知っていた。なのに、それが存在しない前提で情報を取得していた。

全然賢くなんてなかった。賢く生きようとした結果、浅はかな判断をしてしまった愚か者だった。

もし、八島氏本人から話を聞かず、ただかぼちゃの馬車事件について調べるだけの立場だったら、この情報をおいしく食べてしまっていただろう。「こうして書かれるからには何か問題のある人なんだ」と不幸シロップの甘さに舌鼓を打っていたに違いない。

ペンを走らせているうちに書くことがなくなって、ぴたりと手が止まった。そのときに書いた言葉が、「クレーム」だった。

それをしばらく眺めたあとで、「ブリュレ」と書き足した。

濃厚なクレームに甘い不幸シロップを混ぜ込んで、ごうつくばりがそれを強欲のバーナーで焼いて。

そうして仕立てられた電子スイーツは誰も原材料に気付けないほどよくできていて、うっかり食べてしまうととっても甘くて甘ったるくて、どんな不幸も一瞬忘れてしまうほどに。

一見して不幸シロップ入りだとわかるような電子スイーツは、もうほとんど存在していない。ゴシップ情報に踊らされてなるものかと思った人たちが慎重に情報を選ぶようになったから。

そうした私たちの進化に合わせて、新たに『クレームブリュレ』のレシピが編み出されていた。

私たちは、情報を食べて生きている。

香ばしい焦げ目でメーカーも原材料もわからないように仕立てられたクレームブリュレを知らず知らずのうちにおいしくいただいて、不幸シロップとクレームに脳を支配されて生きている。

2.

はじめて食べたクレームブリュレはとっても甘くておいしくて。
そうだ、あの子にも教えてあげよう。
せっかく教えてあげたのに、おいしくないって突き返された。
ひどいわ、あんな子、友達じゃない。
そうだ、みんなに教えてあげよう。
あの子は少し変な子なのよ、これがおいしくないって言うの。
とっても甘くておいしくて、食べているだけで幸せで。
だから、もっと食べさせて。もう食べないと生きていけない。

今日の天気は晴れのち雨、お出かけの際には傘をお持ちください。

ビタミンCを摂るならレモンだ。

かぼちゃの馬車建築を請け負っていた株式会社ホームメストが破産手続きを申請しました。

コーヒーにはカフェインが入っているから、夜は飲まない方が良い。

あの大人気俳優の不倫が発覚しました。

男は野蛮だ。

先日起きた殺人事件の犯人は大量のゲーム機とアニメＤＶＤを保有していました。

女は馬鹿だ。

男女二人はカップルだ。


天気予報、健康情報、報道、ゴシップ。

私たちは、情報を食べて生きている。食べた情報の主成分に脳を支配されて生きている。

情報には多様性があり、それぞれが持つ価値と需要は異なる。ホルダーは、価値と需要が高い情報を電子スイーツというコンテンツに仕立てて配布して、ビジネスを営む。

「クレーム」も、情報の１つだ。

クレームのほとんどは、そこに至るまでの過程を飛ばして結果しか書いていない。もしかすると、書き込んだ人の方がミスをした結果のクレームかもしれない。

友人が以前、ある銀行のコールセンター業務の仕事をしていた際、「ATMが動かない」というクレームを電話で受けたことがある。話をよくよく聞いていると、違う銀行の、ATMを使おうとしているようだった。

「当銀行のATMではないので、こちらからは何もご案内できません」と伝えると、「なんてひどい銀行なんだ、もう二度と使わない！」と言って、電話を切ったそうだ。

このクレームが流布されているのかもわからないし、されているとして、どのような形で流布されているのかはわからない。ただ、実態がないことだけは明らかだ。

クレームの原因が対象者に必ずあるとは限らない。クレームを抱いた人に問題があることもある。

正しい情報を流布することが目的ではなく、ただ貶めてやりたいがために嘘の情報を書き込むことだってできる。

正当なクレーム、不当なクレーム、嘘のクレーム。どれも等しく情報であり、嘘かどうかを見抜く術のないユーザーはそれをすべて「リスク回避」のために取得する。

生活の上での失敗はなるべく減らしたい。コストをかけずに自分に合った化粧品が欲しいし、デートスポット選びを間違えて嫌われたくない。車や家なんて金額の大きいものを買うとなればなおさらだ。失敗した、では済まされない。

だからとにかく情報を集めたい。悠々自適な生活を送りたい。「消費者の生の声」という情報にはリアリティがある。それを信ぴょう性として捉えて参考にする。

この原稿を書き始めてから、友人だけでなく、経営者交流会で会う顔見知り、居酒屋のカウンターでひとり呑んでいたときに話し掛けてきた板前、その会話に入ってきたアルバイトの学生、あらゆる人に質問を投げてみた。

なぜかというと、『食べるだけの人』、つまり「インターネットを使って情報収集するだけの人」の意見を聞きたかったから。

まず、こう尋ねた。

「買ったことのないものを買うとき、インターネットで検索するか」

全員が「する」と答えた。

続いて、こう尋ねた。

「そこに商品に対する批判的な意見が書いてあったら、どう受け取るか」

全員が「安いものだったら気にしないけど、高額なものだったら買わない」と答えた。

ホーメストが扱っていたのは、一生を左右する買い物にもなる住宅という高額商品だった。購入を検討した人は、商品に関する情報をインターネット検索で集める。それが事実なのかサクラによる宣伝なのかクレームなのかを見分ける術も持たないまま、目についた情報をリスク回避のために取得する。

「商品が高額あればあるほどクレームを信用する確率は高くなる」というのであれば『ホーメスト』というキーワードで検索して、その情報を信用した人は多かっただろう。

最後にもう1つ、こう尋ねた。

「その会社の社長が悪い人だという情報が書かれていたら、どう受け取るか」

全員が「買うのをやめる」と答えた。

「噂が立つということは、何か問題があるんだ」と話す人もいた。

火のない所に煙は立たぬが、嫉妬や憤怒の炎で火が着くときもある。愉快犯の放火魔だっている。その火が着いた理由がわからないとき、人は目に見えるものを信じる。

だから、「ホーメストが破産手続きを申請した」という情報は出火の原因として世間で扱われた。

スラム街のような掲示板サイトに書かれている情報を信用する人は減ってきている。実際、「掲示板は信用しない」と話す人もいた。「消費者の生の声というリアリティ」という情報を信じて回避できるリスクよりも、「掲示板サイトの情報を介した犯罪が増えてきている」という情報を信じて回避できるリスクの方が大きいから。

けれど、賑わっている口コミサイトや、企業が運営しているメディアに書かれていることであれば信用してしまう。どのような悪意が潜んでいたとしても、誰もそれを見抜けず、情報を食べてしまう。「有名なサイトや企業に嘘が書かれているはずがない」という根拠のない信ぴょう性を採用して。

こういう風潮に流されて、『悪徳建築会社社長・八島睦』という人物像が焼き付けられたクレームブリュレを多くの人が食べてしまって、八島氏は多くの血を流すことになった。

クレームという情報にはリアリティという価値がある。

不幸シロップという情報には甘くておいしいという需要がある。

しかも、こういう情報はそこらじゅうに転がっていて、いくらでも手に入る。

剥き出しで出されたら、それを食べたいという人はいない。クレームはどこから湧き出したかわからない得体の知れないもので、不幸シロップは人の血だと知っているから。

それでも、ごうつくばりなホルダーはその価値と需要を利用することを諦めなかった。

そしてこの2つを混ぜて強欲のバーナーでこんがり焼いてしまって、焦げ目でクレームと不幸シロップを隠すことを思い付いた。それがクレームブリュレだ。

甘い香りが辺り一面に立ち込めて、多くの人がそれを食べに来た。強烈に甘いのに、慣れてしまったらおかしな味とは思わなくなる。強烈に甘いから、食べている間だけ不幸を忘れられる。食べ終わって、不幸を思い出して、忘れたくて、もう一度食べに来る。そうして集客に成功して、そこでビジネスを展開する。それがクレームブリュレビジネスだ。

一見して原材料がわからなくなってしまった分、多くの人がカジュアルに食べるようになって、需要が増えて、クレームブリュレが量産された。

「まあ、なんてひどい。私はそんなものを口にしないわ！」と思った人は、何もわかっていない。これは「好き好んで食べるか食べないか」という問題ではなく、「すべての人が知らず知らずのうちにそれを食べてしまっているという問題だ。

S建設で行われた東京支店の赤字決算。弁護士による合法的なネットリンチの誘導。コンテンツビジネスのために書かれた悪評を流布する記事。モラルを捨てることを推奨するベストセラー書籍。

悪気のない悪意を含んだ情報が健全なコンテンツと同じように配布されている。

諸悪の根源は配る人と作る人だ。

彼らがそうした情報をコンテンツ化することをやめれば、メディアを介した悪評流布ビジネスは終了する。ネットリンチと呼ばれるものも、少なくなるかもしれない。決してなくなりはしないだろうけれど。

そして、彼らを糾弾しても、こうしたビジネスは潰えない。こうしたビジネスは、名誉棄損や侮辱に当たらない限り、憲法で保障されている「思想の自由」によって保護される。

そのうえ、クレームに異議申し立てをすると、「本当にあったことだから削除を申し出ているのではないか」という憶測を生むことになる。これらの憶測情報の公開を差し止めようとすればするほど、自らの首を絞める結果にしかならないのが、現代社会の仕組みだ。

いっそ、事実に基づいていた情報公開の方がプライバシー権侵害の可能性を議論する余地がある。

これらの情報の権利については、インターネットが普及してから議論が続いている。

思想の自由に基づいて自由に論じる権利、プライバシーを守る権利、知る権利、忘れられる権利。これらの権利の優先順位はその人のライフスタイルによって大きく異なるため、一概に定義できないまま今まで来てしまっている。

たとえば、有名人の場合、プライバシーを守る権利や忘れられる権利を優先したいだろう。しかし、有名人のことを知りたい一般人からすれば、知る権利を優先したいと思う。そして思想に基づいて論じることで利を得ることを生業としている者は、自由に論じる権利を優先したいと主張する。洗脳でもしない限り、意見が揃うことは有り得ない。だから、「すべての人は平等だから、この問題は解決できない問題だ」と悟ったふりをするのが現代社会のトレンドだ。

憲法で守られている上に、作れば作るだけ数値という結果を出せるビジネスをやめるような人間は、彼らにとって『愚か者』だ。そんな人たちをどれだけ責めても改心するはずがなく、何も変わらない。こういう連中に腹が立って糾弾したって、やめるはずがない。

クレームブリュレビジネスが潰えないのは、不幸シロップに需要があるからだ。ビジネスとは、需要と供給があり、そこで金銭が発生しなければ成り立たない。そうでないビジネスは自然と潰えていく。たとえば、電気冷蔵庫の登場で不要になった氷屋のように。

『需要』とは、そのニュースを喜んで読む人だけではない。「私はこのニュースが許せません」「私の意見に賛同してほしい」というような自分の考えを拡散する目的で、こうした情報をチェックして活用している人もいる。そのニュースを何かに利用したいと思うユーザーの気持ちが需要であり、そのとき、そしてその後のユーザーの感情は関係ない。

多すぎる需要のおかげで、どんどん増えていくコンテンツ。消費されていくのはコンテンツではなく、取りざたされた『人』だ。

多くのユーザーは『人を取り上げた』に強く反応を示す。政治や企業を批判すると痛い奴だと捉えられることがあるが、人に対しての反応にはそうした意見は少ない。最も需要があるニュースは『人をバッシングできるニュース』だ。

だから、知名度が高く、羨望の対象であると同時に嫉妬の対象でもある芸能人の情報は、小さなものでも需要がある。何も問題を起こしていない芸能人でも、名前の後ろに「前科」などのキーワードと付け足して検索をすると、ゴシップ情報のようなものが山ほど表示される。ほとんどが中身のない情報だけれど、そういうキーワードで検索をして情報が出てくるだけで、それを探している人にとっては充分だ。

自分がどんなに頑張っても持てないものを持っている人間は、絶対にずるいことをしている。悪人に決まっている。

芸能人のゴシップは、そんな嫉妬にまみれた固定観念を肯定してくれる。異性と二人で食事していた。高級外車に乗っていた。高級クラブで散財していた。実はヘビースモーカーだった。実は整形していた。実は同性愛者だった。

性犯罪被害に遭ったアイドルを「アイドルなんてしているからそんな目に遭うんだ」と批判する人もいる。こんなあからさまな職業批判や職業差別は、胸にたまったおどろおどろしい嫉妬を忘れさせてくれる極上の電子スイーツだ。

嫉妬を軸にした固定観念を持てば、こうしたズルでも悪事でも何でもないことも「一般的ではない」というだけで悪事扱いできる思考になる。

インターネットは便利だ。コストをかけずに誰でもメディアを持ち、匿名で発言することができる。だから、言うのがはばかられることを言うことができる。良くも悪くも。

八島氏は、広く名の知れた会社を個人で買収し、４３歳という若さでその社長となり、一躍有名となった。宣伝のためにメディアに顔を出していたことで、その外見の良さを知っている人も多いだろう。

彼はとても勘がいい。しかも努力家だ。何をすれば成果が上がるのかを勘で把握し、それに向かって真っすぐに努力できる。だから、営業でも野球でも他の人よりも短期間で周りが驚くほどの成果を出してきた。

母の死をきっかけに特待生を受けた高校に特待生として入学した八島氏は、最初から野球部で優遇されていた。

その高校は過去に4回の甲子園出場経験があり、数名のプロ野球選手も排出しているほど有名な学校で、この年、野球部の監督は「甲子園に出場する」という目標を掲げて9名の特待生を迎え入れた。そのうちのひとりが八島氏だった。

そのうち6名が1年生のうちにレギュラーメンバーになった。そうすれば彼らが3年生になったとき、野球の能力だけでなく連携能力まで高いチームができるという算段だった。

補欠メンバーとなった上級生、特待生ではない同級生。優遇された特待生たちには多くの嫉妬が向けられ、指導と名付けられた暴力が日常的に振るわれた。

もともと体育会系で上下関係が厳しく、教師や上級生からの体罰が常態化している高校だと聞いてはいた。学生寮での生活になるから、どんなに怪我をしても親に気付かれることもなく、明るみに出ることはそうそうない。進学を決めたとき、当時の担任に止められたほどだった。だから、こうなる覚悟はできていた。

その理不尽に屈することなく、八島氏は野球の練習に励んだ。毎日トレーニングに励み、大晦日も午前中を練習に費やしてから実家に帰省し、正月の午後には寮に戻ってきて練習に取り組む。大げさに話しているのではなく、本当に365日野球の練習をしていた。

もともと八島氏は足が速く、守備が得意だったが、体が細くて打者としては非力だった。だから、毎日プロテインを飲んで筋トレをして筋肉を育て、ホームランが打てる馬力を得て、バッターとしての能力も身に着けた。

野球一筋の寮生活で、友人と呼べる人が少ない高校生活だった。その中で八島氏を支えたのは、母が誇りに思ってくれていた野球を続けたいという思いだった。

そうした八島氏を評価した野球部の監督がHハウスに紹介したことから、八島氏の建築業界人生が始まった。

上場企業であるHハウスは、高卒を積極的には採用していない。八島氏という人物を評価した監督の推薦がなければ、彼が努力する人間でなければ、チャンスを与えられることすらなかった。

その経緯を「ただのコネだ」と揶揄する人がいる。それが嫉妬だと気付かないまま、正当化してしまう。

そうした人らにとって、ホーメストの破産手続き申請の報道は、さぞかし嬉しかった待ち望んだニュースだろう。

自分は間違っていなかった、という確信を強めたくて、情報を拡散する。「ざまあみろ」だなんてあからさまな書き込みはしない。それがあたかも正しいことであるかのように正義をトッピングして健全な情報コンテンツに仕立てる。

拡散された情報を読んだ何も知らない人が、八島氏を悪人だと思い込む。

悪事を把握して自分の生活を守るための危機管理なのか、野次馬根性なのか、それは読んだ人しか知らない。けれど、「野次馬根性で読んだ」とは、誰も公言しない。

「こんな事件があったんですね、怖いです」

「ホーメストで家を買おうか悩んだときがあったけど、やめといてよかった」

そうした感想が拡散され、悪意を含んだ情報は広まり、悪意の持ち主の心が潤い、悪意の存在が肯定され、善意を殺していく。

そうした情報の中にも公開されていない事実が含まれているかもしれない。本当にホーメストスタッフの対応に不満を覚えて書き込んだ人の中には、正当な理由があって八島氏を憎んでいる人もいるかもしれない。

けれどそれは、社会人として生活を営んできたならば当たり前の結果だ。好かれることも嫌われることも感謝されることも恨まれることも、人として当然の評価だ。そんな情報を持たない人間なんて、この世界に存在していない。

あげつらわれた人は、悲しみ、憤り、憔悴していく。疲れ果てて、表舞台に上がれなくなる人もいる。それを見て「生意気で目障りな奴がいなくなった」と喜ぶ人がいる。まるで中世の公開処刑だ。

食べるだけの人は何も知らない。自分たちは、ただ甘くておいしいスイーツを食べているだけの部外者だと信じている。

クレームブリュレの味に慣れると、クレームだけ、不幸シロップだけでもおいしくいただけるようになる。クレームブリュレも不幸シロップもクレームも貪り食って、食べるものがなくなってしまったとき、食べる人は作る人になる。

そして今日も、クレームがばらまかれ、不幸シロップが搾り取られ、クレームブリュレが量産されていく。

クレームブリュレを食べた人の脳には、クレームと不幸シロップが染み込んでいる。

クレームブリュレに支配された脳に築かれた思考で捉えた情報が、人を追い詰めて殺している。

ネットは人をリンチしない。人はネットをリンチしない。

ネットリンチというものは、インターネットというツールを使って、人が人をリンチしている。だから、インターネットというツールそのものや、インターネットビジネスに携わる人たちを責めても意味がない。

情報は人を追い詰めない。人は情報を追い詰めない。

食べた情報の主成分に脳を支配された人が、人を追い詰める。

人を支配している情報を支配しているのは、『数値』だ。

バブルが弾けた1991年、金銭に執着した人だけが生き残った。人が良く数値に執着できなかった人はみじめな思いを強いられた。命を落とした人も少なくない。

社会人は成功体験に基づいて社会生活を営んでいる。現代社会ではより良い生活を送った者が賢者であり、だから、数値に執着することが賢者の知恵だと思い込む人が増えて、執着することが正義になった。

数値は唯一、すべての人に共通している認識だ。「犬」という文字を見たとき、「可愛い犬」を思い浮かべる人もいれば「狂暴な犬」を思い浮かべる人もいて、中には「政府の犬」を思い浮かべる人もいる。

1は1、0は0。誰が見ても0が1になることはない。数値という結果を出せなければ怒られるけれど、結果を出せたらその数値に至るまでの過程に対して怒る人はいない。あらゆる事象を分析して数値として算出できる人工知能のおかげで進化したビジネスもある。「人工知能なんてたかが機械だ」と揶揄していた人がビジネスチャンスを逃した。だから、数値を信じることは絶対的に賢い選択であり、人の感覚なんて不確かなものよりも圧倒的に正しい。

数値は結果を示すための情報でしかなく、過去の数値は未来を保証しない。爆発的にヒットした商品と同じような商品を作ったって、二番煎じにしかならない。

人工知能が算出した結果はシステマティックなものでしかなく、信ぴょう性は担保されない。それを信じた結果どうなったとしても、誰の責任でもない。

情報では人の性質を判断できない。悪事を働く善人もいて、善行を働く悪人もいる。そうしたものを信じることで確実に得られるものは、「未来が保証されていると思い込んで安心できる」だけだ。それ以外のものが得られるかどうかは、神のみぞ知る。

けれど、現代社会を生きる人は、何よりもその安心感を欲していた。

根拠のないことを信じる人間は、愚か者だ。馬鹿にされないためには、賢いと思われるためには、『目に見えるもの』以外は信じてはいけない。それが常識だ。

だから、汗水を垂らして稼いだ数値や、数値を伴わない結果には価値がない。

だから、汚い金でも金は金に違いがなく、稼いだ者が成功者であり正義のヒーローだ。

だから、検索エンジンに評価された情報が真実に違いない。

だから、かぼちゃの馬車を購入した投資オーナーは、少し考えれば絵に描いた餅だとわかるようなビジネスに金目当てで投資した愚か者だ。

そうした常識の中で、多くの人が人工知能の奴隷になった。

モラルを持たない人工知能に従うためにはモラルを手放さなければならず、生活のためにモラルを手放し、社会人から原始人に退化し、心身どちらとも貧困に怯え、クレームブリュレを食べることで恐怖から逃れてなんとかかんとか生きている。

夏は当然暑いもの。だけれど涼しく過ごしたい。そんな夢物語のような理想がエアコンを生み出し、夏も涼しく過ごせるようになった。現代社会においての愚か者が、根拠のない自信をもって理想のために尽力した結果生まれた賜物だ。過去の数値に依存していたら、こんなものは生まれなかった。

恐怖から逃れて食いぶちを稼ぐために、人は安全な生活と幸福になる機会と進化する機会を失った。

インターネットメディアでクレームブリュレビジネスを営むホルダーが多いのは、『GAFA（ガーファ）』のようなビジネスに憧れてのことだ。

世界で最も使用されているインターネット検索エンジンの開発元であるGoogle、「早く商品が欲しい」という需要に応えることでファンを獲得したインターネット通販システムや電子書籍の販売のAmazon、SNSの中でもビジネスマンの利用に特化することで根強い人気のあるFacebook、iPhoneを開発し、スマートフォンを世に広めたApple。インターネットが普及してから急激に成長したこの4つのIT企業の頭文字を取って付けられた総称がGAFAだ。

すべてアメリカを拠点としている企業であるにも関わらず、そのビジネスはインターネットという仮想空間を通して世界に影響を及ぼしている。

GAFAの共通点はもう1つ、巨大な『プラットフォーム』を保有し、『コンテンツアグリゲーター』としてのビジネスを展開し、莫大な利益を獲得しているということだ。

コンテンツアグリゲーターとは、コンテンツビジネスと基本的には同じだ。他のコンテンツビジネスと違うところは、他のメディアが保有しているコンテンツを集めて紹介するだけで、自社でコンテンツを作らないということだ。プラットフォームは、そのコンテンツを集積する場所だ。

コンテンツを作ったところで、公開する場がなければビジネスにならない。公開しても誰にも見られなければ意味がない。だから、すでに膨大なユーザーを持っているGAFAのプラットフォームで公開してもらう。

AmazonとAppleは、基本的にコンテンツアグリゲーターとしての収益を得ている。

「Amazonというプラットフォームを利用して『商品』というコンテンツを販売する」「AppleのAppStoreというプラットフォームを利用して『アプリ』というコンテンツを販売する」という具合に。

GoogleとFacebookは、広告掲載プラットフォームとしての収益が大きい。どちらも基本的な性質は同じで、広告費用は、キーワードの人気やアプローチする対象の広さで変動。先に費用をプールして上限額を設定し、1クリックされる度にそこから費用が差し引かれるので、低コストで始められる。

広告を読んでほしいユーザーのステータスや関連キーワードを指定して、該当するユーザーにだけ広告を表示するというシステムも、同じだ。ただ、指定できるステータスとアプローチしやすい消費者層が異なる。

年齢、性別、在住地域といったステータスはどちらでも設定可能で、Ｇｏｏｇｌｅの広告はそれに加えて、上位表示されたいキーワードを指定して広告が出稿できる。商品に興味があるだろうユーザーに対して広くアプローチできる。「注文住宅」と検索したユーザーに対して、注文住宅を勧める広告を表示する、という具合に。

広告掲載枠は最上位表示より上の部分と、ページ最下部にある。上の部分はより多くのアクセス数を稼ぎやすく、下の部分は探している情報が見つからずに2ページ目の検索結果を表示しようとしているユーザーにアプローチできる。どちらにしても、ＳＥＯ対策をしなくても検索結果1ページ目に表示されるというメリットは大きい。商品カテゴリーの認知が高く、ブランド名や商品名などを広めて消費者の選択肢に入りたい場合の広告として有効だ。

Ｆａｃｅｂｏｏｋの広告は、職業、役職、交際ステータスなど、個人のプロフィールを細かく設定することができる。商品カテゴリーの認知が低くカテゴリーそのものを宣伝したいときの広告として、「こういう人がこの商品の情報を知れば絶対に購入するだろう」というイメージができる商品の広告として効果を発揮してくれる。

たとえば「注文住宅の価格帯はこれぐらいで、カスタマイズにもこれぐらいの自由度がある」というFacebook広告を打てば、「住宅購入は高いから無理」と思い込んで購入を検討していなかった人や、検討していたけれど「注文住宅は自由度が低い」と考えて選択肢に含めていなかった人にもアプローチできる。

GoogleとFacebookの強みは、何と言っても利用者の多さだ。この2つのメディア以上のアプローチ力を持った広告メディアは、今のところはない。

GAFAと呼ばれる4つの企業すべてに共通しているのは「このプラットフォームを疑うユーザーはいない」といっても過言ではないほど社会的地位を獲得しているということだ。GAFAをプラットフォームとして利用する際のコストは決して安くはないが、利用者は溢れかえっている。何もしなくてもプラットフォーム利用者が勝手に集まって費用を支払ってコンテンツを提供していってくれるから、収益に困ることもコンテンツの更新に追われることもない。

一度顧客を獲得すれば、黙っていても金になる。せっせとコンテンツを作らずとも、勝手に更新される。それが多くのホルダーが憧れる『プラットフォームビジネス』だ。

プラットフォームビジネスは、今に始まったものではない。大手出版社やテレビ局など、インターネット普及以前からプラットフォームビジネスで成功している企業はいくつもあった。そこを目指す人がいなかったのは、どの業界にもすでにプラットフォームビジネスを営む人が存在していて参入する隙がなかった。しようとしても、莫大な費用がかかるものばかりだった。

引き継がれた既得権益を握って悠々と殿様商売に興じる彼らに腹が立っても、逆らえなかった。逆らえば、その市場で活躍できなくなるから。その支配から逃れたいと願っているビジネスマンは少なくなかった。

そこにＧＡＦＡが登場した。

彼らは誰よりも早くＩＴ業界でのプラットフォームビジネスに着手して成功した。

インターネットは普及してからまだ日が浅く、低コストでプラットフォーム化が見込めるメディアを持つことができて、既得権益が誰にも握られていない業界がまだある。

だから、参入できそうな気がする。

そう思い至って、プラットフォーム化を目標としたメディアを立ち上げたホルダーは多いだろう。

実際に、多種多様なプラットフォームが日本でも誕生した。商品の価格比較サイト、飲食店の紹介・予約サイト、トレンド記事をまとめて閲覧できるサイト。こうしたプラットフォームを運用して安定した収益を上げている企業は多くある。

日本国内だけでも、ある業界だけでも、あるカテゴリーだけでも。狭い社会であっても「顧客に信頼されるプラットフォーム」として確立できれば、片手間でもかなりの収益が得られる。

低コストで広告が出稿できる小規模なプラットフォームが増えることで利益を得る人もいる。もし失敗に終わったとしても、目標のために尽力することは悪いことではない。

問題は、メディアをプラットフォームとして確立するためにクレームブリュレを配る人がいることだ。

GAFAが保有するプラットフォームが現在ほどの規模に成長するまで、長い年月を要した。まだインターネットが普及し始めたころからビジネスを展開していたため、試行錯誤も多かっただろう。まだ誰も目を付けていなかった場所で理想を追いかけたからこそ、彼らは成功した。Appleの創立者、スティーブ・ジョブズの成功物語は映画にもなり、多くの人が知るところとなった。賛否両論あるにしろ、彼が試行錯誤を重ねて理想のために邁進したという事実は、誰も否定できない。

一刻も早く利益を獲得したいホルダーは、低コスト・短期間でそうしたプラットフォームを構築しようとする。そのためには、人工知能がはじき出した数値を参考にして、戦略を立てることが重要だ。

最初は皆、理想を掲げて始める。ユーザーのためだとか、こんな便利なものを作りたいんだとか。

けれど、正攻法でやっていては成果が出ない。資金を投じて上位表示を根こそぎかっさらっていく大企業、炎上ビジネスによるアクセス数の獲得。そういう「ずるいこと」をして出し抜く人がいるから。

正直者が馬鹿を見る世界なら、正直者なんてやめてしまおう。

そう思い至るのは、とても自然なことだ。

ここに書いている「ずるいこと」を悪事だとして批判する人がいるけれど、これは悪事ではなくて、ただずるいだけだ。

炎上ビジネスでアクセス数を獲得する人は、消費者の心をよくわかっているマーケティングのプロだ。「こう書けばユーザーは拡散してくれるだろう」と推測を立てて情報を発信した結果、意図通りにユーザーが拡散してくれる。私はこうしたやり方が大嫌いだけれど、これこそ不幸シロップビジネスだけど、こうしたビジネスマンが優れていることは否定できない。それに、悪意を持って悪事を働いている分、悪意なく悪事に手を出して「悪気がなかったから許してくれ」と責任逃れする人より、ずっとましではないだろうか。

そして、炎上商法で成功している人の多くは、『人』をバッシングしない。そういう炎上をしたビジネスマンは消えていく。生き残っている炎上商法ビジネスマンは「人気のメディア」と「潤沢な資金」を上手に獲得しながら『人』と対立しない。「人の性質」や「流行り」や、馬鹿にされたら腹が立つけれど、いつか忘れてしまうような。何も悪くない。自身が保有している資金や知識などの資産を投じてビジネスを営んでいるだけだ。ただずるいだけだ、腹立たしいほどに。

モラルを欠いたビジネスはどうせどこかで行き詰まる。行き詰まらないのは、何かを見失ったままそのビジネスを支え続けているユーザーがいるからだ。

「これまで上位表示されていたメディアが、大企業のメディアに追い抜かれた」と嘆くとき、目に見える「大企業のメディア」や「プラットフォームの仕組み」を憎む人が多いが、それはお門違いだ。憎むべきは、自分と同じカテゴリーに属しながら悪事を働き続け、カテゴリーに属する人間の評価を下げている人間だ。

検索エンジンはシステマティックにしかメディアの価値を判断できない。「社会的によろしくないメディア」を判定するための数値を算出して、それに該当するメディアがそうであると判断するように設定される。

その数値のせいで、個人ホルダーのメディアの価値が下落した。

なぜなら、大企業はブランドイメージを守ろうと品行方正にメディア運用を行なっており、問題のあるメディアは少ない。そんなものを気にせずに金稼ぎに走っているメディアのホルダーは個人ホルダーが多く、「よろしくないメディアを判定するための数値」に「個人ホルダーの性質を数値化したもの」が多分に含まれてしまった。

この結果を呼んだのは、現在利益を得ている人ではなく、利益を貪ろうとクレームブリュレを配り続けて数値を根付かせた人たちだ。

インターネット広告の収益システムはもともと個人ホルダー向けに提供されたものだった。個人が有益な情報を発信することが利益になれば、インターネットに有益な情報が増えるだろうと意図されて始まった。知っていたら生活が豊かになるライフハックをたくさん知っている人、仕事にはならない趣味の知識をたくさん有している人、誰かの悩みに応えられる人。そうした人たちの情報はとても有益だけれど、ビジネスに乗ることはなかなかない。インターネットを通じてそれを広めることが仕事になれば、個性を発揮して生きていける人が増え、その人たちの配る情報でより良く生きられる人が現れる。

そうした健全な社会を目指して作られたビジネスが、ごうつくばりに乗っ取られてしまった。誰かのために頑張ろうと尽力していた個人ホルダーが、たくさん潰された。

Ｇｏｏｇｌｅはそれもよくわかっていて、どうすれば健全さを保持しながら個人に活躍してもらえる検索結果がはじき出せるかを試行錯誤している。今でも頻繁に検索エンジンの定義が更新されるから、それに振り回されているホルダーも多い。

かぼちゃの馬車も、プラットフォームビジネスに憧れてのものだった。

かぼちゃの馬車事業を紹介する書籍で、ビジネスモデルを『入居者プラットフォーム』と銘打って紹介している。

ＧＡＦＡに続いて参入したホルダーによって多種多様なプラットフォームが生まれ、既得権益はすでに誰かが握るところとなった。インターネットの世界でプラットフォームと呼べるほどのメディアを構築することは難しいだろう。

プラットフォームビジネスを成功させる最大のコツは、まだプラットフォームが存在していない事業でプラットフォームを構築することだ。「そのプラットフォームしか存在しない」ということは、それを利用するほかないということで、確実に顧客を獲得できる。顧客がファンになり、プラットフォームを宣伝して広めて、顧客が増えて、事業が拡大し、唯一無二の存在と成長していく。必要なのは、前例がないビジネスの需要を見抜く先見の明と、それを何が何でも成功させてやろうと思える信念と根性だ。それさえあれば資金だってそんなに必要ない。競争がないから、掛けられるコストを掛けてゆっくり構築していけばいい。

スマートデイズは、不動産投資商品を買う投資オーナーの不安、上京する女性の不満に着目した。このときすでに、アパート経営にITを取り組んだアパート経営プラットフォーム、上京する女性向けシェアハウスは他に存在していた。それを融合させて、昇華させたものが、かぼちゃの馬車だったのだろう。

かぼちゃの馬車がプラットフォームであり、入居者がコンテンツであり、人材紹介会社やモニターを要している提携企業が顧客だ。

コンテンツを利用するために顧客が費用を払う。そこで発生した収益を物件の運用費とすれば、家賃を安く、うまくいけばゼロにできる。ＧＡＦＡのように顧客からの厚い信頼を獲得できれば、他の事業を展開して収益を上げることができ、空室があっても投資オーナーへの支払いを確保できる。「空室があっても儲かる不動産投資」としてのブランディングに成功すれば、投資先としても人気が出る。そうしてビジネスモデルが確立したころ、他の企業が同じようなことをしても二番煎じにしかならず、すでに信頼とファンを獲得しているから、競争に巻き込まれることもない。

もし、かぼちゃの馬車事業で生まれる収益を確保できるまで成熟させてから次のビジネスに着手し、モラルを持って法を遵守して育てていれば、もしかしたら本当に一大社会貢献事業になっていたかもしれない。

破綻する恐怖から逃げるために、儲からない投資物件を売ってしまった。投資オーナーの心の隙に漬け込んで資料を改ざんして不正融資を通してしまった。成長を急いで、モラルを捨ててしまった。それがかぼちゃの馬車というビジネスが破綻した、最大の原因だ。ググればわかる空室でもビジネススキームの瑕疵でも詐欺でもなく、単にごうつくばりが人を食い物にしたという話だ。

かぼちゃの馬車も、他のクレームブリュレビジネスと同じだ。どちらのビジネスだって、人を追い詰めて殺している。

ＧＡＦＡが成長し続けているのは、モラルを捨てず、目に見えないものを大事にしているからだ。常にユーザーニーズを意識し、時にはそのために喧嘩だってしている。だから顧客がファンになって、収益は安定して事業は拡大していく。

「黙っていても稼げるくせに高い利用料金を取るなんて！」という論調で、ＧＡＦＡを批判する声もある。私はこうした批判をする人も、モラルが低いと思う。

ＧＡＦＡは慈善事業団体ではない。自分たちの利益を獲得するためにサービスを開発しているただのビジネスマンだ。販売する商品を自分で値付けするなんて当然のことで、高いと思うなら利用しなければいい。もしそれで売れなくなったら値下げするだろう。値下げせずとも売れているということは、それでも利用者がいるほど価値の高いサービスを提供しているということだ。「高い報酬を取るやつは銭ゲバだ」と数値で人の性質を判断する人は、「どんな方法でもいいから金を稼げればいい」といって人の不幸を食い物にしている人と同じく数値に取り憑かれている。

もしＧｏｏｇｌｅが「どんな方法でもいいから金を稼げればいい」という考えだったら、これ以上、検索エンジンの定義を更新しないだろう。ユーザーの多くはよっぽどメリットがあるものでなければ使い慣れているツールを使い続ける性質も持っていて、Ｇｏｏｇｌｅの検索エンジンはすでに世界９０％のシェアを獲得している。何もしなくても企業としての収益を充分に確保できる。そのうえ、Ｇｏｏｇｌｅを超える検索エンジンが現れることはそうそうない。これまで積み上げてきたものだけでなく、Ｇｏｏｇｌｅは高い能力を持った技術者を好待遇で雇う。

実際に、Ｇｏｏｇｌｅアプリへのハッキングに成功したことをきっかけに雇われた女性がいる。ハッキングに至った動機は「広告を消したい」という、Ｇｏｏｇｌｅのビジネススキームへの不満だったそうだ。

ほとんどの企業は、そうした人間を訴えて罰を与え、見せしめにして犯罪抑止しようとする。その方が手っ取り早いだろうに、企業の体制に批判的な姿勢の人間の技術力を評価して、システムの性能向上のために、資金を投じた。それは決して安くない。

Ｇｏｏｇｌｅが掲げている理念は１０個ある。

その１つ目は「ユーザーに焦点を絞れば、他のものはみな後からついてくる」。

そして６つ目は「悪事を働かなくてもお金は稼げる」だ。

目下の利益欲しさに開発された検索エンジンが圧倒的に優れていたとしても、ユーザー優先思考のＧｏｏｇｌｅを支持するユーザーはゼロにはならない。そうしてユーザーに戻ってきてもらえるように尽力するだろう。だから、潰えない。

掲示板サイトはスラム街、という印象を根付かせた『2ちゃんねる』が長く愛された理由の1つも、ユーザーに支持されていたからだ。

ユーザーの急増でデータ転送量が膨れ上がり、利用していたレンタルサーバー会社から「データ転送量の指定する数値以下に削減ができなければ損害賠償を請求する」と告知を受け、管理人である西村博之氏が閉鎖を宣言したことがあった。その際、2ちゃんねるユーザーの中にいたシステム関連の技術者たちが情報圧縮システムを制作し、レンタルサーバー会社が要求していた3分の1以上の16分の1の圧縮に成功した。

2ちゃんねるはもともと西村氏が個人で運営していた。ユーザーに支持されるメディアでなかったら、とっくの昔に潰えていた。そして、この問題が起こったのは2001年。インターネットが一般家庭でも使えるようなものになってきてはいたものの、まだまだ普及しているとは言えなかった時代に、2ちゃんねるは世界有数のアクセス数を誇っていた。彼のビジネスは、ユーザーに支持されなければあり得なかった。

黙っていても知ることのできる情報だけでは、目に見える情報だけでは人の性質は判断できない。多く持とうが持たなかろうが、悪人は悪人であり善人は善人だ。低賃金労働が必ず美徳であるとは限らない。美徳とされる労働とは、金銭以外の何かを利益としているものではないだろうか。人に喜んでほしいとか、社会が良くなってほしいとか、そういう。

2ちゃんねるというメディアの性質には賛否両論があるだろうし、私も2ちゃんねるそのものは好きではない。ただ、すばらしいホルダーだと思う。ユーザーを楽しませて自分も楽しんでビジネスまで展開してしまって。「ああなりたい」と願う人は多いだろう。心身の健康も余暇も奪われるのに、いくばくかのお金しかもらえない労働ばかりのこの社会では。

働けど働けど生活は楽にならざりけり。努力しても我慢して働いても自由に使えるお金は微々たるもので、不満を抱えての生活を強いられる。

自分が我慢しているから、我慢していない人間が許せなくなる。だったら、我慢なんてしなければいいのに。許せないものに噛みついてやればいいのに。同じように苦しむ人を肯定することで惨めさから逃れて、自分が成し遂げられないことを成し遂げている人に嫉妬して。クレームブリュレを貪ってそういうものも正当化して正義にして『イイネ!』の数を獲得して何かを成し遂げている気になって恐怖から逃げているだけでは、私腹を肥やしている人たちと何も変わらない。

現代社会は、『電子社会』だ。

電子社会が築かれたこの時代は、『電子時代』で、私たちは、電子社会を生きる『電子人』だ。電子社会の中で進化を遂げていかなければならない、原始人だ。

ラジオ、テレビ、インターネット、人工知能。情報を広く拡散する電子ツールが登場して、混乱している。火起こしの手法が確立された瞬間、きっと同じような混乱が起こったのではないだろうか。どうすればより効率的に火が起こせるのか思案したり、火傷してしまった人が火を恐ろしいものだと過度に怯えたり。けれど、それは正しく使えば有用なツールでしかないから、広く使われるようになった。

電子社会は無法地帯だ。現実には存在していない仮想現実を軽んじたお偉方が、ルールを制定せずに放置したから。そうしている間に、苦しい現実から逃げるためにそこに心を住まわせた人がいて、居心地が良いのでビジネスまで始めてしまった。

罪を罪とも思わず思わせずに営まれている脱法ビジネス、人の心の隙に付け入って営まれているクレームブリュレビジネス。ブラック企業を規制するために新しい法律を作っている間に、新しいブラックビジネスが構築されてしまっていた。

インターネットはとても便利なツールだ。夕飯の献立に悩んだらレシピを、恋に行き詰まったら恋愛相談を、独りの夜にはポルノを、人生がうまくいかない時には陰謀論を。いつでもどこでも簡単に、欲しい情報が探さずとも手に入る。

クレームブリュレを配る人は、数値という保証に安心感を抱きながらビジネスを営み、馬鹿な人らをせせら笑っている。

インターネットはとても有用なツールだ。理解されない趣味を持って苦しんでいる人が分かり合える仲間を見つけたり、マスメディアには認められなかったようなとんでもないスターが現れたり、犯罪被害に苦しんでいる人が声を上げたり、有益な効果だって山ほどある。

テレビだって普及したときは社会を狂わせた戦犯のように扱われていた。けれど、テレビの中に心のよりどころを見つけて、何とかかんとか生きていた人はたくさんいる。

電子ツールを使用した結果に問題が生じるのは、使う人の性質と感情のせいだ。包丁がなくなれば殺人がなくなるなんてことはない。人の心が殺意を手放さない限り、新たな凶器は生まれる。

テレビやインターネットがなくなったって、いじめはなくならない。

作る人と配る人の権利が憲法で守られている。彼らを糾弾しても意味がなく、情報やツールを規制するルールを制定しても、悪意を持って攻略する人が絶対に現れる。ルールを増やして対抗しようとしたところで、これまでも法律を順守してきた心根の良い人の首を絞めるだけだ。

金を稼ぐ人やコンテンツビジネスや、ツールそのものが悪いんじゃない。人の悪意が悪いんだ。

直面した問題の責任を誰かや何かに転嫁しなければ生きていけないほどの心の弱さや、情報を得て賢くなった気になって他人を責めてしまう浅はかさや、目に見えないものに生かされているくせに見えるものばかりを守ろうとする愚かさや、そういったものが悪いんだ。

作る人と配る人の権利が憲法で守られている。どれだけ悪事を働いても犯罪にはならず、糾弾しても何の意味もない。

だから、食べる人が変わらなければならない。これ以上誰かが食べられてしまう前に、死んでしまう前に、誰も生きていけない社会になる前に。

モラルとは、健やかな生活のために食べ物を選ぶ心だ。

3.

私はただ私として咲いただけなのに。
ただ風に吹かれて日の光を浴びて、生きることを望んだだけなのに。
死にたい。生きるように生きられないなら。
生きたい。それでもこの世界が好きだから。
羨ましがらないで。ぜいたくな悩みだと言わないで。
私はもう咲いていないから、お願いだからここに根を張らせてください。
搾らないで。引き抜かないで。しおれたみすぼらしい私を見ないで。
もう二度と咲きませんから。

今日の天気は晴れのち雨、お出かけの際には傘をお持ちください。

ビタミンCを摂るならレモンだ。

かぼちゃの馬車建築を請け負っていた株式会社ホーメストが破産手続きを申請しました。

コーヒーにはカフェインが入っているから、夜は飲まない方が良い。

あの大人気俳優の不倫が発覚しました。

男は野蛮だ。

先日起きた殺人事件の犯人は大量のゲーム機とアニメDVDを保有していました。

女は馬鹿だ。

男女二人はカップルだ。


これらの情報は正しくもあり、誤ってもいる。私たちが食べている情報は、いつも誰かの意図でデコレーションされていて、それがノイズになる。

この情報のデコレーションを取り除いてノイズを無視すれば、こうなる。

今日の天気は晴れのち雨だけど、車で出かけて屋根のある場所に入るから傘は必要ない。

コーヒーにはカフェインが入っているから、夜更かしをしたい日のドリンクに最適だ。レモンのビタミンCは果肉だけではなく果皮にも含まれているため、果肉だけの摂取を考えるなら苺の方が適している。

野蛮な男もいるけれど、そうでない男もいる。

ゲームやアニメが好きな人ほとんどは人を殺さずに生活を営んでいるので因果関係はなく、スポーツマンシップに則った青春を送った人が人を殺すこともある。

馬鹿な女もいるけれど、そうでない女もいる。

カップルでない男女2人もいるし、同性同士のカップルもいる。

これはあるひとりの人のそのときその瞬間にとっての事実であり、真実だ。

『事実』とは、すべての人に共通している認識があって単純に情報として伝聞でき、第三者が確認していて信ぴょう性がある情報のことだ。

情報コンテンツでいうと、「信ぴょう性が担保されているメディアで公表されている情報」が事実に当たり、ホーメスト倒産事件では「ホーメストが2018年11月27日に破産手続き申請をした」という情報がこれにあたる。

「女が男に刺し殺された殺人事件の報道」を例えると、「女が刺し殺された」が事実だ。これだけの情報では、犯人が誰か、なぜ殺されたのかもわからない。けれど、「刺し殺された」という情報は誰が受け取っても「鋭利な刃物を体のどこかに刺し込まれて絶命した」という意味でしか解釈することができない。「刺し殺されたって、ハンマーで?」とはならない。

そして伝聞されるということは、第三者が状態を確認している。殺人事件であれば、必ず警察という公的機関が確認することとなる。そのため、伝聞された時点でその情報には「第三者が状況を確認した」という信ぴょう性を孕む。

「女を刺し殺した犯人は男だ」が『真相』だ。

真相は、事実のように簡単に見て取れる情報ではない。誰かが意図して隠していたり、調べなければわからなかったり、暴かれるまでに時間がかかる。しかし、暴かれれば誰が見ても同じように捉えられる事実であり、「男が殺したということは、女が犯人だったのか!」とは、ならない。

情報コンテンツでいうと、「すでに公表された事実に対し、暴かれた時点で公表される付加情報」が真相に当たり、ホーメスト倒産事件では「ホーメストが破産したのはかぼちゃの馬車事件による収益減少が原因ではなく、度重なる不運と裏切りに追い詰められ、スタッフを会社都合で辞職させるため」という情報にあたる。

人は見知らぬ事実を見通す力を持たない。だから、真相を突き止めるとき、証明が必要になる。物的証拠、目撃証言、証明のために必要なそれらの情報は第三者から提供される。間違った選択をして愚か者になりたくないから、いかようにも解釈できる証言という不確かなものよりも可視できる物的証拠を、物的証拠のないものに関しては信ぴょう性を信じる。

信ぴょう性とは、信頼できるかどうかの判断基準になる性質だ。人であれば、普段の振る舞いや社会的地位といった「現時点では可視できないけれど、第三者が目撃している情報」であり、『間違いのない事実』だ。同じことを証言する第三者が多ければ多いほど、その証言の信ぴょう性は高まり、事実として判定される材料になる。つまり、事実だとする情報を確定するのは、多数決だ。一般的な生活を営む人が常識で判断した結果、「こう思う」と感じる人の数が多い情報が事実と認定される。

「この殺人事件には、物的証拠が出てこなかった」。そんな中で、事件に関するかもしれない情報を持っているという男と女が現れ、それぞれが証言した。

男とは顔見知り程度の関係である男が「実は女は、男を脅して殺そうとしていたんだ。だから正当防衛かもしれない」と証言する。

そして、男を妬ましく思っている女が「それより前に、男が女を殺そうとしていたのを見た。絶対に正当防衛ではない」と証言する。

面倒なことに巻き込まれたくない顔見知り程度の男は、男を妬ましく思う女の証言を前にして、「これ以上のことは何もわかりません」とそれ以上は何も話さない。

対して男を妬ましく思う女は「何としてでも男の犯行だと証明したい」と思っており、普段の男がどんな人間で、殺された女にどんな態度を取っていたかを証言してくれる複数の第三者を探し出す。

あいまいな言い方をする顔見知り程度の男と、確信を持って断言し、賛同者を複数連れてきた男を妬ましく思う女。どちらの証言の方が強いだろうか。

「男が犯人である可能性が高い」という前提で捜査を進めたところ、男は自分が犯人であると認めた。そして男が犯人である情報が真相として報道された。

真相とされる情報は、事実よりも誤っている可能性が高い。単純に見誤っているかもしれないし、意図して情報を隠していた誰かの手によって第三者が誤認するような工夫が施されているかもしれない。けれど、疑う人はいない。真相が事実でなかったとしても自分の生活には何の影響もなく、むしろ「殺人犯が逮捕された」という情報は、安心できる理由でしかないからだ。一銭にもならない探偵任務を喜んで担う正義感の強い少年は、二次元にしか存在していない。実在したら、それはそれで問題だ。

報道された情報を取得した大衆は、「男は極悪人であり、女は意味もなく殺された可哀相な被害者」と思う。「大衆にとっての真実」は、それだ。

けれど顔見知り程度の男は、自らの目撃情報を基に「本当に正当防衛ではなかったのだろうか」と考えている。「顔見知り程度の男にとっての真実」は、それだ。

つまり、事実を加味した主観情報が『真実』だ。

個人にとっての真実は「自分の信じている情報」であり、世間にとっての真実は「大衆が信じた情報」だ。その真実は事実かもしれないし、そうでないかもしれない。だから陰謀論は、常に誰かにとっての真実だ。

情報コンテンツでいうと、「個人が主観で発信している情報」が真実に当たり、ホームスト倒産事件では『悪徳建築会社社長・八島睦』という情報にあたる。

真実は、それを持つ人の人生を左右する。

顔見知り程度の男はその真実を持ってそれからの人生を過ごす。その中で、「もし正当防衛であったとしても、誰にも信じてもらえないかもしれない」と思うようになる。顔見知り程度の男が生活を営む中で選択を迫られた際に、判断基準となる。それが良い結果か悪い結果かは、誰にもわからない。

「私は男のことを信じる、何か事情があるはず」。そう話す男の恋人がいたとする。男が殺人犯であるという事実以上に強い「男はとても優しい」という事実を知っている。男の恋人は、世間から愚か者だとバッシングされる。「男は逮捕されたから犯人に違いない」、「犯罪者を信用するなんて」と。そして孤立し、たくさんの辛い目に遭い、誰ひとりとして羨ましいとは思わない惨めな生活を送る。

男の恋人は、不幸だろうか。

その真実が男の恋人を不幸にしてしまうこともある。やまないバッシングに気が狂ってしまったり、私刑に手を出して犯罪者になってしまったり、取り返しのつかないことになるかもしれない。けれど、モラルを手放さずにただ辛抱強く男を待ち続けて再会することができれば、すべての人が憧れるような幸せな生活を送れるのではないだろうか。

私はそう思う。だから、八島氏がとても幸せな人だと思った。悪人だという情報がどれだけ流布されても、信じてくれる仲間が何人もいて、実力や人柄を評価されて次々に仕事のオファーが来て、一文無しになっても寄り添ってくれる奥様がいて、命を賭しても守りたい息子がいる。

どんなにバッシングされても、「私は男のことを信じている」と言い続けられるほどの人に出会って、信頼関係を築いてきた。どんな結末になったとしても、その事実は誰にも否定できない。その情報も1つの真実として、この社会で生き続ける。

真実だと認めて幸せになれる情報。それがその人にとっての真実だとするべき情報であり、人としての真理ではないだろうか。真実だと認めて幸せになれない情報は、誰に何を言われても認めなくてもいい。けれど、認めないことで不幸になっていくなら、その真実を捨てないままで、もう一度情報と向き合わなければならない。認めたくないことを認めなければならないかもしれない。

この思想は、一見すると危険なものに思える。「人間はすべて滅びた方が良い」という考えを真実とした人が、人を殺すことがある。過去に起こったそうした事件を踏まえて、「この思想は人を殺す恐ろしいものだから否定するべきものだ」と話す人の気持ちも、わからないわけではない。

けれど、この世に存在しているすべての思想を否定して制限したとしても、人を殺す人はいなくならない。「お客さまは神さまだ」という思想がなくなってもクレーマーはいなくならず、インターネットがなくなってもいじめがなくならないのと同じで、どんな思想を否定してどんな思想を肯定したとしても、人の悪意が潰えない限りこの世から悪事はなくならない。

思想とは人が生きるためのツールの1つであり、この問題は「どんな思想を正しいものと定義して広めるか」という問題ではなく、「人がモラルを持つにはどうしたらいいか」という問題だ。

不幸シロップに脳を支配されてモラルを捨て、食べ物を選ばなくなってしまった人は、強い。我慢をせずにただ欲望を叶えるために暴力を振るえるから。刃向かうためには、こちらも食って掛かるしかないと思えるほど、圧倒的だ。だから、クレームブリュレをたくさん食べてしまった人は、たくさんの人から不幸シロップを搾り取れるようになる。

そういう人に不幸シロップを搾り取られそうになってしまったときでも、決してやり返してはいけない。ただやり返すとそれは『私刑』になってしまい、私刑に手を出せばそれはその人の罪となり、そこには罰が伴う。そこから逃れられたとて、今度は罰に追い詰められる。

人は人を裁けない。けれど、社会生活を営む社会人であれば、法律と国家権力を介して人を裁くことができる。それだけが人が人に与えることを許された制裁だ。どれだけ理不尽であっても、社会生活を営む社会人である以上、必ず法に則り刑罰を与えなければならない。それは誰のためでもなく、自らの健やかな生活のために、制裁が与えられないことに制裁を与えてはならない。

社会は、健やかな生活のために食べ物を選ぶ心を持って生活する人たちのうえに成り立っている。もし、空腹を満たすために食べ物を選ばず食い荒らす人ばかりの時代がこのまま続けば、社会はスラム社会と化し、機能しなくなる。

もし、社会がなくなったとして、あなたは明日から生きていけるだろうか。

お金を出したって食糧なんて手に入らない。肉を狩り、稲を刈り。自給でしか食料を確保できない。インフラ設備も成立しない。供給したところで、お金が支払われる確証がないのだから。水道をひねったって水なんて出てこない。コンロをひねっても火は焚けないし、電気だってもちろん流れてこない。そもそもお金なんて無意味だ。社会が機能しなければ、ただの仰々しい紙切れでしかない。

私たちは気付かないうちに『社会』という枠組みの中に築かれている信頼関係に生かされている。この中で生きていきたいのなら、社会を正常に保つ努力をしなければならない。そのひとつが、人を傷つけないようにするということ。人が傷つかないようにするということ。人を自分の欲望を満たすための食い物にしないということ。つまり、モラルを持つということだ。

社会はより多くの人が健全に生きていけるように構築され進化しようとしている。だから許されないことが増えるのは当然のことで、だから安心して生活ができる。

もし健やかな生活を営めないほどの法律の穴に気付いてしまったら、正義を胸に、社会を変えるために見えないものと戦うしかない。それは相手のためでなく、自分のためだ。どんな目に遭っても、モラルを持って強くあり続けるしかない。健やかな生活のために食べ物を選ぶ心を持ち続ける人に勝てる暴力はない。健全な精神は健全な肉体に宿る。健やかな生活のために食べ物を選ぶことを放棄した不健康な人の心身は、少しずつ弱っていく。どれだけ強い力で絞られても、枯れずに咲き続けるしかない。

それはとても辛く苦しい。いつ逃れられるか、いつ相手が倒れるか、わからない。

いっそ不幸シロップに脳を鎮めてモラルを失ってしまおうと思い至る人もいる。そうした諦めが連鎖して、同じような状態に陥った人が不幸シロップに身を投げて溺れて、枯れていくのが世の常になってしまっているのが、現代社会だ。

こういう話をすると、極論だ独善的だと言われることもある。もしかするとそうなのかもしれないけれど、私はこの思想を持つことでしか生きてこられなかったから、私にとってはこの思想が正しいのだと思う。

私は憎しみの果てに自らを殺そうとしたことがある。黙っていても人より目立ってしまう私は、物心ついたときからあらゆる暴力を振るわれた。暴力と知りながら振るわれる暴力も、暴力だと気付かれないまま振るわれる暴力も、等しく、痛かった。

それを聞いた人々は、口々に「あなたが被害に遭う原因」を述べる。

スカートを穿いているから悪い。ズボンを穿いているから悪い。髪の毛を染めているから悪い。髪の毛を染めていないから悪い。化粧をしているから悪い。化粧をしていないから悪い。男らしいから悪い。女らしいから悪い。女だから悪い。そこにいるから悪い。

これらの情報をまとめると、私は生きているだけで悪いということになる。

生きているだけで悪いなら死のう。そう思い至るのは、とても自然なことではないだろうか。

自らを殺すことに失敗してうっかり助かってしまって、どうせ一度死んだんだからこれからは死ぬ気で生きようと決意して、今に至る。

私は犯罪被害そのものではなく、不幸シロップに脳を支配された人の暴力に殺されそうになった。この暴力は無意識のもので、一見すると誰かに対する優しさのようにも見える。

「加害者が可哀相」だとか、そういう。

こう話す人の気持ちもわかる。「その程度のことが犯罪になるなんて、自分も逮捕されるかもしれない」という恐怖から加害妄想に至ってしまうのだろう。だから自分を正当化するために自分を肯定してくれる意見を探して拡散する。『イイネ！』の数で肯定されて、それでいいのだと恐怖から逃れる。

最も拡散効果が高いSNSには『イイネ！』ボタンしか配置されていない。気軽に表明できる意思は肯定のみで、否定するのであれば物申さなければならない。だからわざわざ否定意見を伝える人はほとんどいない。

『イイネ！』は不思議だ。何も成し遂げていないのに、数を稼いだだけで何かを成し遂げた気分に浸れる。肯定されない恐怖から逃れるために憎しみを育てて不幸シロップを呑み込み、脳を支配されて、そこから抜け出せなくなる。

それに嫌気が差して、私は肯定されない恐怖に見舞われたとしても「法律を遵守すべき」という思考を絶対に手放さないでいようと誓った。極論だ独善的だと人に言われても。法律は万能ではない。抜け穴がたくさんあったり、被害が認められなかったり、被害者を苦しめる結末を招いてしまったり。プライバシー権については議論が続いているし、インターネットに関する法律なんてまともに制定すらされていない。もしかすると私もこれから先の人生で、「法律に背いた」と認定されて苦しむ日が来るかもしれない。それが想像できるような要素が、今の法律にはある。

そしてその法律ですら、正しく機能していない。

加害者を追及すれば、問題を解決しなければならない。

被害者を追及すれば、問題を問題にせずに収めることができる。

だから、被害を訴えて問題を大きくする被害者が最も悪だ。だから、鼻についた落ち度らしきものを徹底的に叩いてしまっても構わない。「犯罪者が裁かれて被害者が救済される」という前提が、崩れている。

疑わしきは罰せず。被害の原因を犯罪だと認定させるためには可視化された証拠情報が最も重要であり、ないものは存在しないとしても構わない。警察がそういうスタンスなのだから、それが一般市民としても正しい行いだ。だから、証拠も証言もない物損も外傷も伴わない犯罪被害を訴える奴は、「そんな程度のことで犯罪者扱いされる加害者が可哀相」という論調で黙らせて、「輪を乱すあなたの方が周りに迷惑をかけている」と言って責め立てて追い詰めても構わない。

そうして、物損や外傷の残さないようにすれば見逃してもらえる『新興犯罪』が一大ムーブメントを起こし、問題を問題にせず被害者を潰して輪の均衡を保つ『情報リンチ』がトレンドになり、『ネットリンチ』『ハラスメント』『いじめ』といったものがブームになっているのが、現代社会だ。

中世は死刑、近代は私刑。鼻につく奴が不幸に陥る姿は大変甘やかな甘味で、それを食べることをそうおいそれとはやめられない。そうして今日も社会のどこかで、快楽のために人を殺す人がいる。

大きな事件が起きると、誰かがそれを解決しようとする。けれど、小さな問題を解決しようとする人間は少なく、それは放置されて徐々に膨らみ、手が付けられないほど肥大化し、社会問題となる。社会問題は「小さな問題の積み重ね」であり、「糾弾すべき悪人」がひとりではなく、明確でもない。だから、解決が難しい。けれど、無能だとバッシングされたくない。

だから、解決できない責任を転嫁して「問題が解決できないのではなく問題がないから解決していない」ことにする。存在していないとされているものの存在を証明しようとする人はおらず、問題は存在しないものとなり、問題は解決されずに文化になる。

そうして情報リンチに築かれた文化が、『私刑文化』だ。

私刑文化が敷かれた社会では、落ち度のある人間が悪人で、落ち度をあげつらって糾弾できる人間が善人であり正義のヒーローだ。

そんな社会で生き残るために、大人は子どもにこう教える。

「いじめられるのは当たり前だから、いじめられないようにしなさい」

犯罪者の存在が肯定して被害者の存在が否定されるこの教えが受け継がれていく。この論理で減るのは立件数だけで、暗数と犯罪者は増えていく。

ある人が言った。「鞄を盗まれたことがあって、悲しかった」と。

そして続けてこう言った。「私が鞄を置きっぱなしにしたから犯罪者を作ってしまったと友人に言われて、そうだと思った」と。

なんて優しい人だろうと思うと同時に、なんてひどい加害妄想だろうと思った。

自分が同じ目に遭ったときにそう思う分には好きにしたらいい。けれど、その思想を押し付けて、「その程度で悲しむなんて」だとか、「あなたも悪いじゃない」だとか、「被害を訴えるだなんて」だとか、「これが正しくてあなたが間違っているのよ」というスタンスでそれを言ってしまった時点で、それは私刑だ。犯罪被害では、二次被害といわれるものだ。

私刑とは、相手を否定することで自分の思った通りの立ち位置に追いやる行為も含まれる。それが故意であれ不意であれ。

否定とは何か。この例えで言うならば、自分を賢いと思い込んでしまった当事者でも何でもない無関係な人が、何も知らないくせに「鞄を置きっぱなしにしたあなたが悪いのに、何で悲しんでいるの？」と、被害者の悲しみをないがしろにしたことだ。

悲しいことは悲しい。辛いことは辛い。嫌なことは嫌。

そうした思いを否定して思想の自由を奪い、尊厳を蹂躙することが私刑だ。血が流れようが流れまいが、いじめだ。街ゆく人１００名に質問して１００名が「リンチではない」と答えたとしても、リンチだ。腕力であれ権力であれ、相手の人権を侵害するために力を行使すれば、暴力だ。

それを決めるのは多数決ではない。否定された本人が傷付いたかどうかだけだ。

いじめられる原因があったとしても、いじめは絶対にいじめる側が悪い。

被害者に落ち度があったとしても、犯罪被害は絶対に犯罪被害でしかない。

不幸シロップに脳を支配されてしまうと、こんな当たり前のことがわからなくなる。

被害者の本当の辛さは、誰にもわからないのに、被害者が可哀相だということは誰にでもわかる。

そして、被害者の助けになりたいと多くの人が思い至り、慰める。

そして、疲弊する。慰めても慰めても慰めても、被害者はいつまでもぐちぐちと悲しみや怒りや恨みを吐き出し続けるから、うっとうしくなってしまう。

そして加害妄想に陥る。「被害者を見捨てた嫌な奴」になってしまうのではないかと。

加害者になりたくない。嫌な人間になりたくない。だから、自らの行動を正当化するために言ってしまう。

「あなたにも原因があるのよ」

それで被害者が恨み言をこぼさなくなれば、被害者を救済した気持ちにもなれる。ただ黙らせただけにも関わらず。

誰も気付かない。その一言が、暴力を振るって人を傷付けた乱暴者を肯定していることに。

そんなつもりはないと、誰もが言うだろう。

けれど、故意か不意かなんて関係ない。「犯罪者を肯定する理論」を世に放ち、乱暴者に与えてしてしまったということが問題なのだから。

被害者がパニックに陥るのは当たり前だ。生活の安全を脅かされて日常を奪われて、悲しくて辛くて怖くて腹立たしくて、パニックにならないわけがない。だから支離滅裂なことも言うし、「復讐したい」だなんて恐ろしいことも言い出すだろう。伝聞された断片的な情報を固定観念に照らし合わせて「それは違うと思う」だなんて間抜けなことを言わずに、黙って聞いてあげればいいだけだ。

そうすれば、被害者は次第に冷静を取り戻す。そうなったときに一緒に動いてあげたらいいだけだ。もし、本当に手に負えないと思うんだったら、黙ってどこかに行ってほしい。

二次被害を受けて罰まで課されて、そうした人たちは不幸シロップに脳を支配されているだけだから悪気というものはなくて、誰も責められなくて、自分を責めるしかなくて。

そして、被害を受けた上に罰を受けて、憔悴してしまった人は、朽ちていく。

『死』で問題が可視化されたとき、ようやっと人は慌て出す。

「相談してくれたら良かったのに」

「そんなに苦しんでるだなんて知らなかった」

「こんなことは二度と繰り返してはいけない」

そうしたことを言いたいだけ言って、責任の所在を明らかにするふりをして目についたものに責任を押し付けて「いいことをした」と満足する。何も成し遂げていなくても褒めそやされて成し遂げた気になって、次の『イイネ！』を求める。

もし本当に解決しようと乗り出す人がいれば、その思いは社会を動かす。実際に、そうした人に動かされて、社会は少しずつ変化してきた。

現代社会が問題だらけなのに何も変わらないのは、「この世の中は理不尽だ」と諦観を気取って何もしない人たちが、自分たちの怠慢を気付かれないように、理想を持って生きる人を愚か者だと定義して潰しているからだ。

本質を見誤れば問題は解決しない。問題は、主観で暴力を振るう人間だ。腕力であれ権力であれ、相手の人権を侵害し、尊厳を蹂躙するために力を行使すれば、それは暴力だ。悪気がないまま振るわれる暴力は許されるべきものではなく、「悪事を悪事と理解しておらず、悪気を持っていなかった」という無知を叱られるべきだ。

「クレームブリュレに入っている甘味料が、人の血だなんて知らなかったの」

もうそんな言い訳は通用しない。すでにたくさんの人が食べられて死んでしまっているのに、知らなかったでは済まされない。

食べる人が変わらないといけない。それがこれまでの自分を否定することになったとしても、自分自身と守りたい人の未来のために。

情報のデコレーションを取っ払ってノイズを無視して、不幸シロップを吐き出して、もう二度と口にしないように知識を蓄えて、健やかな生活のために食べ物を選ぶ心とそのための真実を持たなければならない。そうすれば、もしうっかり食べてしまったとしても、すぐに吐き出せるようになる。健やかな生活のために食べ物を選ぶ心を持っている人にとって、不幸シロップはひどくまずいものだから。

健やかな生活のために食べ物を選ぶ心を持つ人が増えたら、自殺者も犯罪も減る。誰かを殺してどうにかしてしまおうと思い至る前に、彼らの心を守ってあげられるのだから。

健やかな生活のために食べ物を選ぶ心とは、守りたい何かのために「健やかでいよう」と思い、それが幸福だと思える心だ。守りたい何かが、人でも物でも実在していてしていなくても、娯楽を楽しむ時間でもいい。それを守るために健やかでありたいと願い、食べ物を選ぶことができる心が持てるなら。慈愛に満ちていなくても、偽善だって何だってい い。何を食べたら健康になるかはその人によって違うのだから、他人の選び方を真似なくていい。

人が健やかな生活のために食べ物を選ぶ心を持ち続けるために必要なのは、健全に機能している社会だ。

健全に機能している社会とは、不幸シロップに脳を支配されて手当たり次第食らいつくそうとする人を戒めるための法律が機能している社会だ。

現代社会人の多くが食べ物を選ばなくなってしまったのは、「犯罪者が裁かれて被害者が救済される」という前提が崩れてきているからだ。

私は知っている。一見して犯罪だとわからない犯罪は、証拠ある悪しか管理できない警察や検察では裁けないこと。警察や検察の人間ですら、私刑文化の思想に染まり切っている人がたくさんいることを。彼らはサラリーマンであり、被害者を追い返して立件数を減らしても給料は減らない。むしろ、些末な事件の被害届を受理してオーバーワークになってしまうことの方が問題らしい。

なぜ私がこんなことを知っているかって、お世話になった刑事と検察官のおかげだ。警察や検察が立件したがらないのは、「些末な事件」を増やしたくないからなんだと、そのとき事件を担当してくれた刑事が「今の警察事情」を話してくれた。

話してくれたきっかけは、警察署の取調室で突然飛び込んできた刑事に「示談にしろ」と怒鳴られて口論になったことだった。それを止めた担当刑事が、謝罪ついでに教えてくれた。

そして、その事件の被害届が受理されて捜査が進んで書類送検され、初めて訪れた検察庁で、担当検察官に「たかが体を触られた程度でこんなに騒いで、あなたに何か得があるんですか」と怒られた。

「検察庁の人間がそんなんだから自殺者数が減らないんじゃないですか」と言い返したら、つつがなく起訴された。つまり、構成要件を満たしていて立証もできているのに、「たかが」とのたまったわけだ。ドラマのような話でなかなか信じてもらえないけれど、実体験談だ。

証拠がなければ裁けない。証拠があっても裁くのが面倒だ。けれど無能だとバッシングされたくない。だから裁けない責任を被害者に転嫁する。「問題が解決できないのではなく問題がないから解決していない」というスタンスで今日もお役所仕事をこなしていく。そうしている間にも、被害者は増え続けている。ネットリンチ、いじめ、ハラスメント、犯罪。今まさにそうした私刑を受けている人もいるだろう。「生きていればいいことがある」なんて適当に励まされて、腹を立てているかもしれない。

生きていれば必ずいいことがあるなんて保証はない。けれど、私は生きていて良かったと思うし、ひとりでも多くの人に生き延びて欲しいと願う。何かに追い詰められて人が死ぬということは、何かを追い詰めた悪人が許されて肯定されるということだから。それは誰にとっても、ものすごく悔しいことではないだろうか。

だから私は、八島氏が生きていてくれて本当に嬉しかった。一度はすべてを投げ出そうとしながら、人の話に耳を傾けて、前を向いて生きようと立ち上がってくれて。そうして彼は、すでに次のステージに進んでいる。一文無しになっても誰かを責めることなく真っ当に戦い、自らの失敗を省みて、仲間に感謝をして、健やかな生活のために食べ物を選ぶ心を持ってしぶとく生き残っている。

彼は聖人ではない。良くも悪くも目の前のことに必死に取り組もうとする、ただの社会人だ。だから嫌われもするし好かれもする。社会生活を営めば当たり前の循環を受け入れている。そして、当たり前以上の苦難を受け止めて生きていけるだけの強さを持った、たくましい人だ。

生きていていいことがある保証なんてない。もっと辛い目に遭うかもしれない。けれど、この社会で被害者に許された復讐は、生きて生きて生き続けて、私刑執行者もそれを肯定してきた人らも全員まとめて見返してやるしかない。強くあるしかない。

「人生に嫌気が差して、誰でもいいから殺したかった」なんて殺人犯の自供を報道で耳にすることがある。誰でもいいから殺したいのなら、思いっきり言いたいこと言ってやりたいことやって、人を追い詰めて私腹を肥やすしょうもない奴らを社会的に殺してやる方がよっぽど気分が良い。社会的にであろうが肉体的にであろうが、死んだ本人は決して楽にならない。その死んだ人を否定していた人が肯定されて楽しい思いをすることになって、死んでも死にきれない思いをするだけだ。

ネットリンチ、ハラスメント、いじめ、犯罪被害。

どんな暴力に対しても、一番無駄な抵抗は「我慢」だ。「こうなったのは私にも責任がある」とか、「我慢しないと仲間外れにされる」とか、「今歯向かったら夢を諦めることになるから嫌だ」とか、そういう理由をつけてそこに居続ける我慢をするための努力をしてしまうことだ。

標的となった人が暴力に耐える理由は、得てして「社会的に死にたくないから」だ。周りに迷惑がかかって今と同じようには過ごせなくなる、ずっと積み上げてきた努力が無駄になる、収入がなくなる。失いたくない何かがあって、それを守るために我慢している。耐え続ければ、いつかどうにかなるだろうと。

けれど、そこにいる限りずっと暴力は続くと断言できる。権力欲、征服欲、嗜虐欲。人を私刑に至らせるそういう欲望は脳の誤作動で生まれてしまったもので、それを満たして得られる快楽は脳が直接受け取るもので、満腹中枢のようなリミッターが存在していない。だからいつまでも満たされることがなく、むしろ受け取った快楽に興奮して欲望は肥大していく。

暴力に耐えなければならない状況なんて、どんな理由をつけても異常だ。そんなところにいたら死んでしまう。そこにいなければ手に入らないと思っているものはそこにいても一生手に入らないし、そこでなければ生きていけないという思い込みは思い込みでしかない。他者や場所といった条件に依存しなければ得られないものは、そこに百年居座っても自分のものにはならない。あちらの気分とか、他の要因でそこから離れなければならなくなったとき、すべて失う。費やした時間やお金はもちろん戻ってこない。

だから、我慢するための努力をやめて、努力するための我慢をした方が良い。強くあるしかない。どれだけ強い力でむしられても絞られても、枯れずに咲き続けるしかない。それはとても辛く苦しい。味方なんていないし、いっそ枯れてしまった方が楽だと思えるほど。けれどそうした諦めは永遠に連鎖するから、同じ状態に陥った人が枯れることが当たり前になってしまう。そして、私刑を肯定する社会が構築されていく。

だから、反撃するか、逃げるかしかない。

我慢せずに動いた結果、自分の方が間違っていたと気付くこともあるかもしれない。それはそれでいい。自分を苦しめている状況から脱して、苦しまなくても生きていける場所に身を置いてから、そこで気付いた情報をしっかり噛んで飲み込んで、血肉にして生きていけばいい。モラルを持ってしぶとく生き残るとは、こういうことだ。

不幸シロップを搾り取られて苦しんでいるような人は、「誰かに嫌な思いをさせたら辛い」と思える心とモラルを持っている優しい人ばかりだ。だから、相手の妄言に揺らがされて、「自分にも責任がある」だなんて思ってしまって、無視することができない。

けれど、それは『加害妄想』だ。正当な理由のある糾弾であれば正当な方法で述べられるだろうし、述べられるべきだ。私刑に手を出した時点で、どんな理屈をこねても正当ではない。

どんな風に糾弾されたって、本当に何もしていないなら胸を張って「馬鹿なことを言ってやがる」と、笑い飛ばして無視してやるぐらいでいい。「無視なんてしたらエスカレートする」と思うかもしれないけれど、どう足掻いたってエスカレートするものはエスカレートする。正しかろうが正しくなかろうが、他人なんてコントロールできない。だから、無視する。「文句あるなら警察か裁判所を通してこい」ぐらいの心構えでちょうどいい。

もしエスカレートしたら、公的機関に相談する。警察に通報して被害届を出す。何も大げさではない。暴力を振るうことは犯罪だ。どんな些細なものであっても。

「お前にいじめられる原因があるから悪いんだ」
「その程度のことをいじめだと思うなんて、お前が弱いだけだ」
「あの人、思い込みが激しくって、すぐいじめとか言い出す」

こうした言葉に耳を貸さなくていい。クレームと不幸シロップに脳を支配されて築かれた私刑文化思考の加害妄想が吐き出す妄言でしかないので、一切無視していい。憲法を無視してそうした判断を下せる王様は、日本には存在していない。自分が王様だと勘違いしている可哀相な人だ。当事者でもないくせに知ったかぶりをする奴の言葉なんてどうでもいい。小さくてもしょうもなくても、自分が辛ければ辛いと言ってそこから逃げていい。

「逃げるな」と言いたい人は、自分が同じ状況に陥ったときに自分が逃げずに立ち向かえばいいんだ。それを第三者に押し付けて示すことができるのは、信念でも正義でもなく、ただの驕りだ。

些細なことを恐ろしく思う気持ちなんて、当事者にしかわからない。

近年、「電話が怖い」という若者が増えた。原因は、「電話が嫌な情報をもたらすツールとして活用されている」からだ。電話がかかってくるということはメールでは済ませない重要な連絡で、重要な連絡とは得てして受け取った人を困らせるもので、だから電話が怖い。情報に生かされている私たちは、そうした情報で追い詰められることもある。

私も、電話が怖い時期があった。それは会社員時代だ。会社員をしているとき、業務連絡はメールが推奨されていた。「いつ頃にどんな話をした」という履歴を残すためだ。電話が掛かってくるときは、履歴を残したくない連絡だ。突然の小規模会議の呼び出しは、人格否定をして謝罪をさせるためだ。馬鹿馬鹿しくてやっていられないから結論付けてその場を去ると、日常業務を妨害されるようになる。相手の気が済むまで付き合わなければその社会に残ることができないのに、相手の気が済むことはない。それは実のある叱咤ではなく、快楽を得るための暴力なのだから。権力でデコレーションされた憶測情報がその社会で広まり、私はそこにいられなくなる。

独立してから自営業者や経営者とやり取りをすることが多くなり、チャットが怖い時期があった。彼らは、電話や対面で話せば自分を取り繕って話すのに、チャットだと取り繕うことを忘れて怒りを剥き出しにしてがなり立てる。「私の不徳の致すところです」として仕事を断ろうとすると、「せっかく仕事をあげたのに」と怒り狂う。何かに取り憑かれたように執拗に、「お前のために言ってやっている」という大義名分ではない大義名分を掲げて、「だから、低賃金の仕事をありがたく受け取って働き続けろ」とのたまう。夜中も早朝も休日もいつでも、罵詈雑言を飛ばしてくる。ブロックしたらＳＮＳで検索してメッセージを送ってくる人もいた。

チャットは対面や会話と違って、相手の反応を一切知らないまま、ただひたすら自分自身を肯定しながらひとりでそれを書き連ねる。どれだけ怒り狂ってキーボードを叩いていても、フォントはいつでも冷静で美しい。だから、自分が冷静ではないなんて、忘れてしまう。そうして言いなりになった人を使って事業を回してきたのだから、それが正しいとすら思っているのだろう。

チャットの発言は自分の意思で削除することができる。メールのように相手主導で履歴を残される可能性が低い。そういう経営判断のもと、仕事をしているのだと思う。

そういう経験のもと、少しでも首を傾げるようなことがあったらすべてスクリーンショットを撮影して証拠を残すようにしてから、チャットも怖くなくなった。

「チャットが怖い」なんて、体験した人にしかわからない。けれど、ライターをしている人の中には、同じように話す人は多い。いつ鳴るかわからない通知音に怯えて、それでも社会生活を営みたくて言い返すことも刃向かうこともできなくて。

スルガ銀行でパワーハラスメントを受けた行員たちも、今でもトラウマを引きずっていることだろう。少しの物音で飛び上がるぐらい驚いてしまったり、閉じ込められた応接室を思い出してしまって密室にいられなくなったり、「いつ、あの日々に引きずり戻されるか」と怯えている人もいるかもしれない。「もう終わったことなのにぐちぐちと、さっさと忘れなさい」という常識のふりをした固定観念に振り回されて、自分が頭のおかしい人間だと思い詰めて、正気を保てない人もいるかもしれない。

実際にこうした後遺症を引きずって一時間置きに嘔吐するという生活を送っていた時期が私にはあり、彼らがそうなっているかどうかはわからないにしろ、こういうことは実際にあるということは断言できる。

物損も外傷もなくても、これだけ生活が破壊される。当事者になればわかる。当事者にならないとわからない。

主観でしか被害だと判断できない被害がある。こう話す私が知らない被害、理解するために時間を要する被害もたくさんあるだろう。それを判定するための法律なのに、「仰々しい法律なんかよりも身近な慣習が優先」という暴論に、多くの被害がもみ消されている。だから、自分が被害だと思えば被害だと認めて声を上げていい。そもそも暴力なんて乱暴者の主観で振るわれているものに対して、こちらも主観で対抗して何が悪い。それで誰かと敵対してその社会で悪人だとされても、殺されるよりずっとましだ。自分を見失わずに生きていれば、悲劇は喜悲劇になる。ハッピーエンドを目指して悪意と戦うしかない。

被害届が受理されなかったり、書類送検をしても不起訴で終わってしまったりすることもある。それでも、警察に相談することは無意味ではない。そうした問題に対応している公的機関を紹介してもらえるし、「警察に行った」という事実ができた時点で、犯罪者になりたくない人たちは私刑の手を止める。「余計なことしやがって」と難癖をつけて私刑の手が苛烈化しようものなら、今度こそ証拠を押さえて刑罰を与えてやればいい。主観による暴力を止められるのは、主観による反撃と防御のみだ。

「被害届が受理されなかった」から、「やはり被害者の被害妄想だったんだ」という妄言を吐く奴がいて、そのせいで被害届を出すことをためらう人もいる。

不受理にもさまざまなパターンがある。被害者が有責であるもの、加害者が有責であるもの、警察や検察の怠慢、癒着。「受理されなかったということは、被害者の妄想だったんだ」と言う人は、恐らく自分が知っている不受理のパターンが「被害者有責」しかなくてそう言っているのだろうと思う。そうであれば無知の露呈だし、そうでないのであれば憶測による誹謗中傷でしかない。どちらにしろ恥ずかしいからやめておいた方がいい。

被害を受けていないのに被害者だと偽って世の中を自分の思い通りに動かそうとする悪人もいる。そういう人たちのせいで、本当に被害を受けている人が「被害者面」「被害妄想」という言葉でぶん殴られるようになった。迷惑だから、やめてほしい。

私は犯罪被害に遭って、そうした言葉で殴られ続けた生活をずっと送ってきて、今でも心療内科に通い続けている。入眠剤がないと眠ることもままならず、精神安定剤がないと、外出中に発作が起こってしまって動けなくなったり、どこまでも行ってしまったりすることがあるから。だから、普通の人であれば簡単に加入できるような医療保険や生命保険に加入することができない。ほとんどの保険に「心療内科に通院した経歴がある場合、通院が終了してから5年以上経過しないと加入できない」という条件が付けられているからだ。条件が緩和された保険は、保険料が他のものより高額だった。

なんであんな奴のために余計に払わなければならないんだと思うと悔しくて仕方なくて、一度、薬を絶とうとしたことがあった。無理だった。ベッドの下から手が次々と出てきて私の足首をつかむ。うつ伏せになると背中に何本も刃物のようなものを突き立てられる。仰向けになれば得体の知れない黒い影が浮かんでいる。幻覚だとわかっていても、怖かった。やっと眠れたと思えば悪夢に苦しんで3時間ほどで目覚めて、日中、まともな精神状態ではいられなくなった。今をまともに生きられないなら、保険なんて諦めよう。そう思ったのは、もう何年も前の話。

被害に遭ったということが、心に傷を負ったということが、そうでない人とここまで大きな線で区切られるだなんて思わなかった。

前科なんて保険には関係ないから、加害者は他の人と同じように保険にも加入できるのだろう。夜は何の恐怖も感じずにぐっすりと眠れているのだろう。前科を隠して結婚して、健やかに幸せに生きていくことも不可能ではないだろう。こうなっては、前科者と精神病患者と、どちらの方が悪いのかわからなくなる。私は自分に貼られたそのレッテルが、罪のように思えて仕方がなくて、それを押し付けた加害者を恨んだ。

痛み、苦しみ、憎しみ、恨み。被害に遭って一番苦しいのは、そうしたおどろおどろしいものに心が延々と支配されることだ。復讐するしかそこから解放される術がないという考えに取り憑かれる。けれど、復讐は私刑であり犯罪だ。そうしてそこから解放されたところで、今度は加害者としての罪に追い詰められるだろう。

物損も外傷もない犯罪被害のせいで、私は多くのものを失った。

「減るもんじゃあるまいし許してやれよ」という批判を耳にすることがある。こういう人たちは「見えないものを見ていない」のではなくて、「都合の良いものしか見ていない」のだろうと思う。

安心して暮らせる場所が減る。信用できる人が減る。自衛のために諦めなければならないこともある。傷付いた心を癒すために治療費が掛かることもある。少し考えたら、社会問題とされていることに目を向けたら、わかることだ。

犯罪には、犯罪とされるだけの理由がある。どんな被害があるのかは、主観でしか判断できない。

「セクハラかどうかを判断するのが女の基準だなんて」とのたまう奴もいるけれど、そんなの当然だろうと言い返してやりたい。性に関することなんて、主観以外では判断できない。受け入れたくないものは受け入れたくないし、受け入れたいものは受け入れる。当たり前の話だ。なぜすべてを受け入れるなんてボランティアをしなければならないのか。

『性』とは体の性別ではなく、人間性のことだ。見えるものも見えないものもすべてひっくるめて、その人の性質を築き上げているものだ。

パワハラやモラハラやアルハラと呼ばれるものだって、すべて主観で判断して怒っていい。「これぐらいの酒が呑めないなんて」と馬鹿にされても、毅然として「はい、呑めません」と返してやればいい。

理解できない人は黙っていてくれ。そっちはそっちで勝手にやってくれ。こっちはこっちで勝手にやるから。そちらを従わせるつもりもないし、そちらに従うつもりもない。

そうした線引きが、それぞれが持つ健やかな生活のために食べ物を選ぶ心を守る。

妄言に惑わされて問題の本質を見誤ってはいけない。本当に悪いのは私刑を是として人を食い物にして食い荒らす人であり、被害者や、一見して悪人に見える人間ではない。

スルガ銀行と癒着して、投資オーナーに私文書偽造をそそのかす。スマートデイズはそんな脱法でも合法でも何でもないただの違法ビジネスを健全なビジネスだとうそぶき、ホーメストを始めとする多くの建築会社を巻き込み、不動産投資に対する世間からの評価を著しく下げ、健全に営まれている関連した事業の業務を妨害した。

それが、かぼちゃの馬車事件の本質だ。

本質を見誤れば問題は解決しない。そもそも『詐欺的スキーム』であるだけで詐欺として立件できない問題を事件に仕立ててそれに加担していないホーメストを訴えても、何も解決しない。

八島氏に会ってすぐに私が自分のことを話したとき、彼はきっちり線を引いた。だから私は、この人は健やかな生活のために食べ物を選ぶ心を持っている人だと思った。だから、余計に生きていてくれて良かったと嬉しくなった。

被害者というステータスを持つ人は、少数だ。甚大な被害を出した東日本大震災の被害者ですら日本全体から見れば少数派なのだから、人災による被害者は当然、もっともっと数が少ない。だから、被害に遭ってしまった時点で、自分がマイノリティになったと自覚しなければならない。

誰にも気持ちなんて絶対にわかってもらえない。最初は味方だった人も、利益が得られなくなれば離れていく。同じ事件の被害者ですら、意見が食い違うこともある。どこまでもマイノリティで、被害そのものの辛さは、どんなに近しい人にも簡単には理解してもらえない。

事件以前の日常生活は絶対に戻ってこない。金銭的被害をどうにかして補填できたところで、事件以前とはまったく違う自分になっている。理解できるもの、理解できないもの、信じられるもの、信じられないもの、安心できるもの、恐ろしいもの、味方と思う人、敵と思う人、味方、敵。

それらすべてが変化する。もう二度と、事件以前の感覚には戻れない。被害が深刻であればあるほど、対処が遅れれば遅れるほど。

私もこれまで生きてきた中で、何度もそういう目に遭ってきた。罵詈雑言と誹謗中傷にありとあらゆるものを搾取されて、咲いていることを否定されて、いっそ殺してくれと願ったことは何度もある。

そうした中で生きてきて、今となってわかる。「お前は悪人だ」とがなり立てる人は、そうでもしなければ自己を保っていられないほど心が弱くて、誰かに不満や不幸を押し付けて逃げ出したいだけなのだと。それを完全に理解してしまったとき、そうした連中に何を言われようとどうでもよくなった。

生きていると、理不尽なことはたくさんある。どうして自分ばかりこんな目にと思う人は、実は結構いるのだろう。声を上げられないだけで。

私が底辺ネットライターとしてインターネットの世界で少しだけ話題になったのは、ライターのことだけではなく、犯罪被害について書き述べた記事が拡散されたからだった。自分でも信じられないほど話題になり、小さくだけど新聞にも掲載された。

裁判に勝訴したのはもう何年も前のこと。終わって、何か新しいことをしたくて慰謝料で買ったパソコンで、たまたま出会ったライターの仕事を始めた。心的外傷後ストレス障害の発作は苦しくて、生活に支障がないわけではないけれど、生きていけないほどではない。とにかく平穏無事に怪我をしないように生きていければいいと思っていた。私にとって「終わったこと」だった。

その私に、たくさんの感想メールが届いた。ほぼ全員、犯罪被害者だった。

「客観に心を押し潰されて辛かった」

「後遺症に苦しみながらそれを誰にも打ち明けることができない」

「どうすればあなたのように犯罪者を許すことができますか」

自分が情けなかった。どうして自分の中で終わったからすべては終わったことだと思えたのだろうと。もっと早くからできることはなかったのだろうかと。

そして悲しかった。すべてのメールが「書いてくれてありがとう」というような感謝のメッセージで締めくくられていたことが。

犯罪者が助けられるのを見せられながら、犯罪被害に遭ったことをたくさんの人に責められて。それでも誰かを攻撃しようと思い至ることはなく、誰にも理解されないから言ってはならないとずっと胸のうちにそれを隠して。

ライターとして、インターネットの世界を綺麗にしたい。

そして人として、物損も外傷もない犯罪被害を減らしたい。

私が小説家を目指していたのは、そのためだった。

「私は被害者です、私の話を聞いてください」なんて叫んだって、誰も耳を貸してくれるはずがない。このステータスを利用して出版したって穿った目を向けられるだけだ。自費出版をしたら独りよがりだと揶揄される。ひとりでも多くの人に読んでもらうためには、くどくどと体験談を語るだけの本ではなく面白い小説にしなければ。

ある人から、「作家は一冊目の印象を一生引きずる」と言われた。それなら、一冊目から書きたいことを書き尽くさなければならない。デビューするためであっても迎合してはいけない。その上で、誰もが認めるほど面白い小説を。

だから、実力で小説家にならなければならない。そうでなければ意味がない。

必死だった。腕が麻痺して生活に困るぐらい痛んでも、ずっと書き続けた。理不尽に屈して立ち上がれなくなった日は、自分の足を殴りつけて立ち上がった。

そうして歩き続けて、たくさんの人と出会って、今、この本を書いている。

八島氏と会って、話を聞いて、「私刑と暴力を語る本」を書くことになって、書けることは全部書き尽くしてやろうと心に決めた。

書き始めてから書き終えるまでのおよそ二か月、他の仕事を減らして、貯金を崩して書いた。寝食を削って書いている私を、友人たちが支えてくれた。この本で救われる人がいると信じて、一緒になって作ってくれた。よくよく思い出してみればこの貯金は、底辺ネットライター時代に貯めたものだった。私は、あのころの私にも助けられていた。

ネットリンチ、ハラスメント、いじめ、犯罪被害。私は人よりも多くこれらについて語ることができる。そして、ペンを剣にできるスキルを持っている。その剣を誰に向けるか、どう使うかで、切り開けるものが変わる。剣を振るえば必ず誰かが傷付く。血が流れる。それが防御のためであったとしても。

それなら私は、後悔しないために自分の信念に基づいて敵を選んで剣を振るってやろうと思い至れて、今、この本を書いている。私の敵は人ではなく、恐怖そのものだ。不幸シロップに脳を支配されてモラルを失った人に取り憑いている実体のないそれと、それが生み出した罪だけを憎めば、人を憎まずに生きていけるのではないだろうか。私はもう、社会的にも肉体的にも、誰にも死んで欲しくない。食べる人も作る人も配る人も、乱暴者も加害者も被害者も、すべては等しく同じ時代を生きている人なのだから。

2018年12月、ゴシップ砲で有名な週刊誌で、ある業界の権力者の性暴力について言及する記事が掲載された。男性社会の暗黙の恐怖政治。それに屈するしかできなかった女性たち。その存在の報道に、胸が苦しくなった。

この問題は刑事事件にはなっていない。そして、この報道記事を書いたライターは当事者ではない。10年も前からこの問題が起こっていることを知っていて、「男女の問題に口は出さないでおこう」と口を噤んできたらしい。それを今になって報道記事にしたのは、

「傍観することは加害に加担している」と思い至ったからだと、朝のニュース番組で司会者が語っていた。

こうした意識が広まれば、週刊誌だってインターネットメディアだって、そうした報道が増えるだろう。前例が少ない中で、とても勇気の要ることだったと思う。私はとても嬉しかった。何とか報道の流れを変えようとしているライターの存在が。

けれど、この報道はあまり話題にならなかった。刑事事件でもなく、当事者も謝罪している上に、その業界では権力者ではあるものの芸能人のように名の知れている人ではない。不幸シロップを含まない報道をわざわざ食べようとする人はとても少なく、広まることはなかった。不幸シロップが含まれている報道にはたくさんの人が飛びついて、被害者も加害者も食い荒らしていって、注目される。そしてそれが正義として語られる。不服だ。

食べる人は、広まった情報しか取得しない。だからいつも、広まった情報が真実になる。

私たちは、情報を食べて生きている。今の社会にばらまかれている情報の異臭に気付いて、何とかしたいと願う人がいる。何もできないと苦しむ人がいる。

それでも、何もしなければ何も変わらない。自分と、自分が守りたい人のために、モラルさえ持って生きていれば健やかに生きていける社会を構築したいのなら、失敗しても無駄に終わっても辛い思いをしても、続けていくしかない。そうすることでしか、貧困問題も少子化問題も、社会問題とされる問題のすべては解決できない。

食べるだけの人、あなたは間違っていない。

生きるだけのことがこんなにも辛い社会で、誰のことも傷付けようとせず、正しく生きようとしてたくさんの情報を集めて、精一杯生きている。それは、正義を持って何か大きなことを成し遂げることより、よっぽどすばらしいことだ。

けれど、どれだけたくさんの情報を集めた結果の判断であったとしても、それがすべての人にとって正しいという保証はない。情報には第三者の意図が含まれている。意図の中には愛も悪意もあって、必ずしも有益とは限らない。あなたの生活を蝕むクレームブリュレは、甘い匂いを漂わせてこの社会に溢れ返っている。

賢く生きるなんて無理だ。「賢い」というものは結果に対して与えられる評価であり、「賢く生きる」ことはできない。賢く生きようとした結果、愚かにも不幸に陥ってしまえば、賢くなんてない。どれだけ知見をかき集めようと未来は未知であり、予測できない。その知見にうっかり悪意を含まれていたら、なおさらそうだ。

だから、賢く生きようとしなくていい。上手に生きようとしなくていい。正しく生きようとしなくていい。正義なんて持たなくていい。正義は憤怒の成れの果てであり、人を殺す理由だ。そんなもの、持たなくて済むなら持たずに生きた方がいいに決まっている。そんなもの持たなくても、誰も傷付けずに誰かを守って生きたのなら、それだけで充分、誰かにとっての正義のヒーローになれるのだから。大勢に称賛されずに終わる人生であったとしても、その方がずっとうつくしい。

私だって、正義なんてものを持たずにただおいしいものを食べるだけの人生を送りたかった。何度もそれに憧れてそう生きるために我慢するための努力をして、どの社会でも食べられてしまって。

食べられないためには戦うしかなかった。戦わずにいられるなら、そうしたかったのに。そうした社会で生きてきたから知っている。少しずつ、社会は変わってきていると。食べられる人も、食べる人も、作る人も、配る人も。皆が理想を目指すことが許される社会が構築できれば、きっともっと豊かになる。どんな人だって、幼いころは理想を持っていた。それを理不尽に食べられてしまっただけで。

そのために必要なのは情報ではなく、モラルだ。

モラルとは、健やかな生活のために食べ物を選ぶ心だ。思いやりとか優しさでなくても構わない。自分と自分が守りたい何かのために健やかであろうと願うことができれば、自然と他人と社会を守ることになる。社会人は、そういう風にできている。

私たちは、情報を食べて生きている。食べなければ生きていけない。

だからこそ、それに支配されないための心を持たなければいけない。

世の中には、体に良いおいしい食べ物がたくさんある。配る人、作る人、食べる人、それぞれが役割を持って生きている。いなくなったら成り立たなくなるものがある。だから、すべての役割を軽んじず、人の心を侵害せぬように配慮しなければならない。食い物にするなんて、もってのほかだ。

正義面と肩書だけのしょうもない弁護士や刑事もいるけれど、肩書も何も持たず、ただ信念に基づいて頑張っている仕事人もたくさんいる。生きている人も、生きようとしている人もたくさんいる。そうした人たちに、私は何度も助けられてきた。その人らが活躍することが当たり前になるころには、クレームブリュレなんてものは過去のものになっているだろう。リンチという言葉は、ビジュアル系バンドの名前としてしか使われなくなる。

そうなる日まで、電子スイーツをお召し上がりになる際は、原材料とメーカーをしっかりとご確認ください。強烈に甘い味がしたら、それは不幸シロップ入りクレームブリュレの可能性があるので、すぐに多量の水を飲んでから吐き出してください。

心を、脳を、生活を、恐怖に支配されないために。

「世の中は理不尽でどうしようもない」と諦観を気取るのは、死ぬ間際だけで充分だ。

それが、「かぼちゃの馬車事件に巻き込まれてネットリンチを受けた元建築会社社長・八島睦」と、「底辺ネットライターだった私」の心からの願いです。

さあ、みんなでおいしいものを食べましょう！

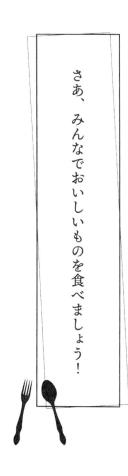

原稿を書き終えてと、謝辞

インタビューを終えてから原稿を書き終えるまで、八島氏とは全く連絡を取っていなかった。中途半端な状態で話し合ってもお互いにブレてしまうだけだと思ってのことだった。

本人から意見を聞かずに勝手に調べて勝手に思ったことを書いてしまったので、原稿を読んだ八島氏から「こんな本は出せません」と言われたらどうしようかと恐れる気持ちがないわけではなかった。それでも一切意見を聞かなかったのは、それは表面的な不安でしかなく、「私が良いと思う原稿を書けば、八島さんはそれが一番良いと言ってくれるだろう」という確信が心の深い部分にあったから。

二日間のインタビューを通して、私は八島氏のことを「勘がよくて、物事の一手二手先を見通せる人だ」と思った。そのとき、その少し前に友人から言われたことを思い出した。「あなたは思考の深化させるスピードが異常に早い。そしてひとつの事象に対して、現実に起こっていることより先回りしたり、あらゆるパターンの反応を予測したりする能力が高い。だからあなたについていけない人がいる」

この言葉が私が八島氏に感じた印象とぴったり合って、「八島さんは同じ感性を持った人だ」と思い、だから「私の感性で書いて大丈夫だ」と思って書き進めた。

だから、八島氏より、

「出版を通して世間に伝えたかったことが網羅されている本だと思いました」

「今回、私の話をここまでニュートラルな立場であっても同じ感性にて書いていただいていると感謝しております」

という感想をいただけたのは、ひと安心でもあり、予想通りでもあり、「成し遂げた」という達成感があった。

そして、八島氏が今回の騒動を通して「死を考えた」と知ったのも、読了後のメッセージの中でだった。

「破産後もずっと不安で、夢に支払いを出来なかった業者さんが出てきて眠れない日も続いておりました」

「本当に死んだほうがよいのかと考えた事もありました」

きっと一度は考えただろうと予想しながらも、本人からそれを語られると、想像以上に胸が痛んだ。両親の死を経験して、死の重さを痛いほど知っている彼をそこまで追い詰めるようなビジネスや遊びが常態化しているという事実は、もっと知られるべきではないだろうか。

「唯一付け加えたいこと」として、こんなことが書かれていた。

「経営者として、どんな理由があろうと会社を継続できないという結果になったことにより、２０名の社員を路頭に迷わせてしまったこと、支払いを出来なかった業者さんには本当に申し訳なく思っております」

このメッセージには「E社のI氏を紹介してきたのは、スマートデイズのホーメスト担当役員だった人間で、もしかしたら罠だったのかと今となっては思います」とも書き記されていた。そうした状況下で、誰も責めず、ひたすら迷惑を掛けた人たちに頭を下げて、今ある幸福に感謝をして、次のステージに立っている。なんてたくましい人なんだろう。

「まだまだ世間に伝えたいことはたくさんある」ということで、もしかしたら私と八島氏コンビの第二弾もあるかもしれない。互いの忙しさを前にしてそれが実現できなかったとしても、彼と一緒においしいものを一緒に食べる機会ぐらいは持てるだろう。同じ感性を持って理想と信念を貫き通している人と出会えて、私は本当に果報者だ。

私が「理想」を諦める人間であれば、この本は完成しなかった。

ＩＡＰ出版代表の関谷氏が私のことをご信頼くださったきっかけは『ドミノ倒れ』https://00m.in/FMIPWだった。その関谷氏から『敬聴力』著者の西元氏にご紹介いただき、八島氏と出会った。理想を諦めていたら、ここにいる全員と出会うことはなかった。

『結局、「すぐやる人」がすべてを手に入れる』の著者であり、私の師匠でもある藤由達蔵氏は、私が諦めてしまった理想をあっさりと見抜いて掘り返してくる天才だ。5月の3週目で一度原稿を書き終えてお渡ししたところ、「締め切りという現実を前に諦めた理想」をあっさりと見抜いて掘り返してきた。私はそれを受けて必死になって言い訳をしてしまって、帰り路、脳を殴られたような情けなさに震えた。そして、6月に出版する予定だというのに、5月最終週を使ってすべて書き直してしまった。関係者は肝を冷やしただろうけれど、結果、「良い原稿になった」とご評価くださった。私は何があっても理想を諦めたら駄目になる人間なのだと、再確認した。

表紙デザインを担当してくれた樽家美保氏となご氏も、理想のために一緒になって頑張ってくれた。「せっかくだから良い本にしよう！」と言って、細部に渡ってこだわってくれて。私が理想を追いかける人間でなければ、彼女らは一緒になってやってくれなかったと思う。

『ドミノ倒れ』を執筆しているときから私を世話し続けてくれた内田良始夫妻は、今回の原稿でも当たり前のように私を支えてくれた。私の原稿を読んであぁだこうだと議論を交わす夫に、拒食状態に陥った私の食事を世話してくれる妻。二人がいなければ、フィジカルに死んでいたと思う。

そして、関谷氏に出会うまでの過程を語ろうとした時、有限会社トリオ商事の加藤克弘社長の存在は外せない。彼はもうすぐ50年目を迎える会社の二代目で、『ドミノ倒れ』のための取材した先で参加した異業種交流会で出会った。

理想と情熱だけでライターを始めてしまって、実績も肩書も何も持っていない私は、なかなかビジネスマンから信頼してもらうことができなかった。信頼してもらえたと思えば文字打ちマシン扱いされていただけだったということや、慰み者としての役割を期待されていたということがとても多くて。「女ひとり、体を使わずに自営業でやっていけると思うなよ」と脅しをかけてきた人までいる。全員、徹底的に縁を切ってきたけれど、ものすごく辛かったし、悔しかった。肩書がない女というだけでなぜこんなに虐げられるのかと。

そんな中、加藤社長は無条件に私を信頼して、ビジネスマンとして対等に扱ってくださった。そして自分の通っているシークレットの異業種交流会に誘ってくださり、そこで一気に人脈が広がり、その繋がりでたまたま知り合った人が関谷氏だった。

そして、私の文章を読んだことがない状態で、50年記念社史のライティングを私に依頼してくれた。「話していたら、文章が書ける子だってわかる。次からは25年ごとに書くから、75年史もお願いね」と、書き終わる前に未来を語ってくれた。

この「無条件の信頼」のおかげで私がどれだけ救われたか、きっと本人はわかっていないだろう。加藤社長は常に『数値』のない『理想』を追い求めていて、その中で『数値』という結果を出しているすばらしい経営者だ。ずっとそのままで在り続けてほしい、誰に何を言われても。

こうして、今の私を築いてくださった方、支えてくださった方。

そして何より、私にこの話を打診してくださった関谷一雄さん、西元康浩さん、信念を貫いて生き続けてくれた八島睦さん。皆様に、心より感謝申し上げます。

こうして思い返してみると、酷いことをする人よりも、優しい人の方が多くて、これ以上書いたらもう一冊出版できてしまいそうだ。私はこれからも書き続けるから、続きは次の本の謝辞として書き記したいと思う。

私はこれからずっと、私のことを大切に思ってくれる人たちを大切にして、健やかな生活のためにおいしいものを選んで生きていく。そんな生活の中で理想を追い求めて好きなことを書いていく。そんな未来しか想像できない今、私は誰よりも幸せだと思う。

あとがき

２０年ほど経営支援している佐藤明子さんからのご紹介で、株式会社ホーメスト元・代表の八島睦氏に私が出会ったのは２０１９年の２月２７日です。一週間後の３月７日に著者の松田優さんに出会い、そして、お二人に初めて顔合わせ頂いたのが３月２０日ですから、僅か1ケ月にも満たない期間での巡りあわせだったのです。

松田さんとは、梅田の居酒屋でＩＡＰ出版の社主である関谷さんを挟んでお話させて頂き、彼女の「ものを書く」「真実を書きたい！」「知って欲しい、伝えたい」と言った想いの強さと熱量には、正直驚かされました。

「う～ん　なんてハイテンションな女性なんだろう、小説家さんだから、やっぱり独特の空気感があるのだろうか?」。でも、その熱量の正体が彼女の人生での強烈な経験であったことを、本書と同時に出版される彼女の処女作となる小説「ドミノ倒れ」https://00m.in/FMIPWの原稿を読んで知ったのです。

とにもかくにも、佐藤さんから八島さんを紹介され、今回の出版企画を関谷氏に連絡を取り、巡り合う事になった松田優と言う女性は、まさにこのタイミングで会うべくして会った人だと思ったのです。運命的な出来事の様に感じた。

この時の直感は、クレームブリュレの原稿が第一稿、二稿、十稿と回を追うごとに確信へと変わります。やはりこの本は、松田優さんでしか書けなかったと

この本の凄いところは、現代社会が、世界が抱えている問題「ネットリンチ」をかぼちゃの馬車事件で受ける身となった八島睦を、「ネットリンチ問題」を生み出す根源的な原因である「にんげん」の心が持つ「負のスパイラル・連鎖」を否応なく思い知らされた経験を持つ松田優の感性と視点を通じて語られている事です。

私自身の著書「傾聴力を【敬聴力】へ！」http://ur0.link/PJ9xでは、「ヒトが楽しく生きる為に」が、事業や職場改善でのベースとなる思想であるべきとの想いで作った造語として【敬聴力】を提唱しています。

その為には、「同じ」だけでなく「違う」を聴く、学ぶことが必要だ。「教える」のでは無く「教えてもらう」だ。「70億人70億色」、皆が「同じ」を求めれば争いが起こり、「違う」の存在を認めれば未来が創られると書いています。

そして、「SNS社会で、その普及を可能としたものは、間違いなく、その技術とインフラですが、その広がりを支えているのは、やはりヒトなのです。自分の事を、自分の意見を聞いて欲しい、知って欲しい理解されたい、といった欲求を持つ発信者の圧倒的な数

なのです。」ただ「ヒトそのものは、大して進化したとも思わない」とも紹介しています。

松田さんの本作品では、その進化しないヒトの今の姿が「他人の不幸は蜜の味（不幸シロップ）」そのシロップは、他人が羨む花を咲かせた人から搾り取られた血で作られる。

その美味しいシロップをたっぷりかけたスィーツを「配る人」「作る人」「食べる人」達がじっくりとバーナーで焦がし「クレームブリュレ」が完成する。

この三者による連係プレイは、花が枯れるまで、いつまでも続くおぞましい「ネットリンチ」だと描かれています。

但し、彼女は決して、それらプレイヤーの罪を断罪しているのではありません。

人の持つ自分の想いを伝えたい、自分を知って欲しいといった誰もが持つ本能的な欲求が、ＳＮＳ社会と呼ばれる今日、容易に実現できることの危険性を訴えているのです。

自身の欲求を満たすための安易な行為に内在する危険性、自分の考えや想いに同調する仲間を求める。「同じ」を求め、同調しないものを排除する。「違う」を否定する行為です。

この欲求はまさに「ひとの性（さが）」なのだとも言えますが、一瞬で世界に情報を拡散できる今日では、それはもはや単なる個人の意見や情報では無く凶器なのです。ひとの命をも容易に奪うのです。

その最たるものが「ネットリンチ」なのだと八島氏の生い立ち、そしてビジネスでの彼の「人との出会い、分かれ、信頼と裏切り」。自らを「底辺ネットライター」と語る松田さん自身の経験「経済的な社会の仕組みや権力と、個人としての生き様や信念との不整合性や不条理」。

彼女は、この二人に起こった事件や問題が、時代や権力の構造、技術の進化、経済の仕組みにだけあるとは考えていないのです。

「クレームブリュレ」を配る人、作る人、食べる人で彼女が最も本書を読んで欲しいのは、間違いなく私たち「食べる人」なのです。

私たち情報を「食べる人」に美味しそうに見えるスィーツ（他人の不幸シロップ入り）を食べる前には、そのスィーツの原材料が何（誰）なのか？　何故作られているのか？　誰が作ったのか？　を必ず意識して欲しいと願っているのです。

自分自身でも気付かないうちに中毒になり、むさぼり、そして「作る人」「配る人」を渇望し、挙句の果てには自分が自分を原料として「作る人」「配る人」となり、自分自身が枯れてしまう事を知って欲しいと願っています。

私は本作品を読んで「ネットリンチ」の問題は、ＳＮＳ社会の問題では無く人そのものの進化の問題なのだ。そして、人はその進化の為に、まずは個々の持つ個性「違う」の存在を素直に認めるだけでも良いのだと思った。

世界が多くの「同じ」だけで構成されていると信じ、自分との「同じ」だけが正しく、より多くの「同じ」に組みしなければいけない。

「違う」は、少数だから自分は多数側にいなければダメだ。自分が多数と「同じ」であることを知ってもらう為に、少数の「違う」を否定する。

でも、本当は世界は「違う」で作られているのです。

Theworldismadeof different'

松田さんは「モラルとは、健やかな生活のために食べ物を選ぶ心だ。思いやりとか優しさでなくても構わない。自分と自分が守りたい何かのために健やかであろうと願うことができれば、自然と他人を守ることになる。社会人は、そういう風にできている。私たちは情報を食べて生きている。食べなければ生きていけない。だからこそ、それに支配されないための心を持たなければいけない。」と語っています。

私は、彼女の言う「モラル・支配されない心」も【敬聴力】だと思うのです。情報に支配されない心は、とりもなおさず「支配しない心」でもあるからだ。

情報とは、誰かの意見や見識です。違う意見や考え方を「違う」と言う理由だけで、排除してはいけない、無条件での追従や妄信はもってのほかです。

その「違う」の中身を聴く、教えてもらうが無ければ、どんどん自分の世界は狭くなり、生きにくくなるのです。

「違う」の中身、理由や何故？　を教えてもらい知ったからといって、無理やりに「同じ」にしなくても良いのです。

自分との違う意見や考え方が在ると知見が増え世界が広がるだけなのです。自身がより良く生きる為の選択肢が増えるだけなのです。

私たちは無意識であっても「自分の聴きたいことだけを聞いてしまっている」。たとえ善良な人であっても、相手の「違う」を聴くときに頭の中では、つい、相手の間違いを諭すために「違う」を聴いてしまっているのです。

自分の信じる考え方を教える為に、相手の「違う」を聴くことをしてしまいがちなのです。

世の中に「違う」があるのは当然です。と多く方は言うでしょう、でも、その「違う」

は間違っているわけでも無く、自分の考えより劣っている訳でも無い。ただ「違う」があるのだと思えているのかについては、いささか疑問なのです。

私が教える大学の学生や企業セミナーでも「違う意見や考え方あるのは当然だと思いますか？」と質問すると、ほぼ全員が当然だと手を挙げます。では、その違う意見や考え方は間違っていると思いますか？と尋ねると、半数も手は上がりません。そして、その考え方は自分より劣っていると思う人？では、もう誰も手を挙げません。

人は誰しもが、「自分は、それほどまでに傲慢でも無く、他人を見下したりはしていない。」と思っているし、思いたいものです。

でも、「相手の為を思って教えてやる。間違いを諭して上げる。」は、自分の知っている知識や情報が正しい、何故なら、それは同調する「同じ」や『イイネ！』の数が多いからです。だと、教えても諭しても言う事を聴かない相手には、「無視をする」若しくは「制裁を行う」となりかねないのです。

人間は、そもそもが傲慢なのです。だから反省して傲慢で無い人間になろう！ではありませんよ。ただ自分が傲慢である事を意識するだけで良いと思うのです。「同じ」ばかりを探していないか？「違う」を避けていないか？否定していないか？と意識できれば、それだけでも随分と生きやすくなります。

小さな子供の頃は無条件で、自分の知らない事を知りたいと思えたのです。

大人に成ればなるほど、経験を重ねれば重ねるほどに、それは難しくなるのです。

私自身、無理やりにでも「違うを教えてもらう」を意識しなければとの思いから【敬聴力】と言った造語を創ったのです。

自分とは違う意見や考え方を聴かなければ、知らなければ、間違いなく自身の見識や知識は、小さく狭くなります。

でも、多くの人は、「同じ」だけで作られた僅かな世界観で他人を評価し批判できるのです。結果、誰もが持つ、自分を伝えたい欲求や、知って欲しい衝動を容易に発信できる環境がある今日。自分の行為は他人への誹謗中傷では無く間違った人間を正す、裁く為の正義であると納得させて、匿名であることの免罪符をもって「ネットリンチ」を生み出すのです。

「クレームブリュレ」になぞらえて「ネットリンチ」を考える本書が、現代社会に起きたスキャンダラスな事件の一つを伝える為だけでなく、人が人として生きる為に、今こそ、〝にんげん〟が変化すべき、成長すべき時なのだと教えてくれた松田優さん、八島睦氏に感謝と敬意をもってお礼を申し上げます。

また、本書を読まれた一人でも多くの方が、世の中にあふれている「クレームブリュレ」が、実は、誰かの不幸シロップを絞る目的で作られているのかも？　と感じて頂ければ、きっとそれは著者が望むより良き社会への一歩であり、皆様自身が健やかに生きられる、本当に美味しくて健康的な〝ブリュレ〟を食べることが出来る未来へと繋がるのだと信じております。

一般社団法人日本知的資産プランナー協会　理事長　西元康浩

SOLUTION
CREATORS

ライター　松田 優

イラストレーター　なご

Web/DTPデザイナー　樽家 美保

Webデザイナー　川野 文太

■■■

Designed by SOLUTION CREATORS

solution-creators.com

松田　優（まつだ　ゆう）
一九八三年、大阪府生まれ。
著作
「ドミノ倒れ」
「かぼちゃの馬車の〝クレーム〟ブリュレ」

かぼちゃの馬車の〝クレーム〟ブリュレ

ホーメスト倒産事件を電子スイーツに仕立てた人たち

2019年７月20日　初版第１刷発行

著　　者　松田　優
表紙装丁　樽家　美保
本文装丁　茂渡　裕子
イラスト　な　ご
発 行 者　関谷　一雄
発 行 所　ＩＡＰ出版
〒531-0074　大阪市北区本庄東２丁目13番21号
TEL：06（6485）2406　FAX：06（6371）2303
印 刷 所　有限会社　扶桑印刷社

ISBN 978-4-908863-06-6